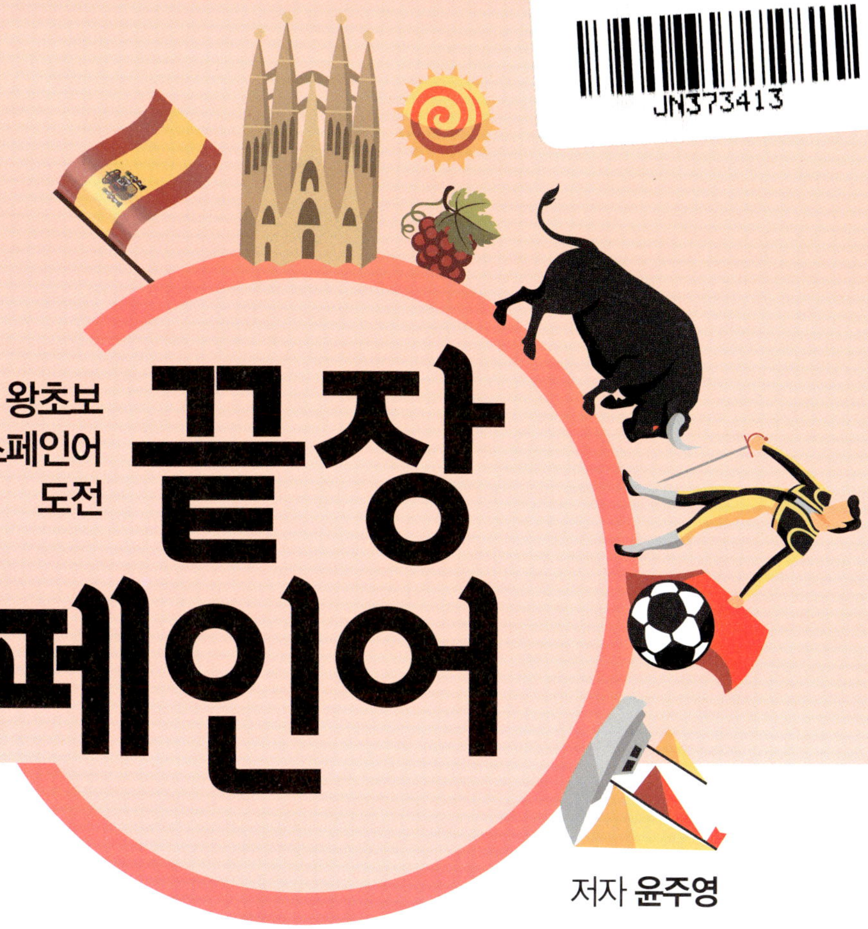

왕초보
스페인어
도전

끝장 스페인어

저자 윤주영

비즈니스
기초 회화편

Hi
English

끝장 스페인어 비즈니스 기초 회화편

지은이 | 윤주영
책임편집자 | 정하율
편집자 | 김용석, Raimon Blancafort, 구수향
디자인 | 이은희
펴낸 곳 | HiEnglish
펴낸 날 | 2020년 02월 07일 초판 1쇄 발행
전 화 | (02) 335 1002
팩 스 | (02) 6499 0219
주 소 | 서울 마포구 홍익로5안길 8
이메일 | broadcast1@hienglish.com
등록번호 | 제2005-000040호

ISBN 979-11-85342-47-4 (13770)
Copyright © 2020 HiEnglish
정가 14,800원

No Unauthorized Photocopying
All rights reserved. No part of this publication may be reproduced, stored in a retrieval system, or transmitted in any form or by any means, electronic, mechanical, photocopying, recording, or otherwise, without the prior permission of the publisher.

머리말

『끝장 스페인어』는 2016년 6월 HiEnglish의 '끝장 중국어 1, 2, 3, 4권'을 시작으로 '끝장 베트남어, 끝장 일본어, 끝장 인도네시아어' 다음으로 나온 HiEnglish 끝장 외국어 시리즈입니다. HiEnglish는 대한민국 직장인들이 현지 외국어 능력을 가장 **빠르고 효율적으로** 익혀서, 외국 기업들과의 다양한 글로벌 경쟁 속에서 성공적으로 사업을 수행하시는데 모퉁이 돌로 쓰임 받고자, 전 세계 주요 비즈니스 외국어 교재를 출판하고 있습니다.

HiEnglish 끝장 스페인어는 2002년부터 기업 외국어 교육의 전문성을 쌓은 HiEnglish의 외국어 교육 노하우를 바탕으로, 철저하게 직장인들의 스페인어 수요에 맞춰서 처음부터 기초 스페인어를 비즈니스 내용으로 배워서 바쁜 직장인들의 시간과 노력을 어학 능력 향상으로 이어지게 설계되었습니다.

특히, HiEnglish 끝장 스페인어는 선생님이 직장인 학습자를 가장 효과적으로 가르칠 수 있도록 다양한 교수법이 적용되었습니다. 또한, 강사와 학습자 사이에 가장 좋은 교육 성과를 내기 위해서 강의 전달과 학습 효과에 중심을 두고 만든 스페인어 교재입니다.

HiEnglish 끝장 스페인어는 최고의 외국어 교육 효율성을 위하여 HiEnglish가 자체 개발한 온오프 블랜디드 러닝인 PIX 러닝을 점차적으로 적용하고자 합니다. PIX 러닝은 Pre-study(사전 교육), In-house Learning(본 학습), training eXercises(온라인을 이용한 사후 학습)를 의미합니다.

'우공이산'이란 한자성어가 있습니다. 어떤 어려움도 굳센 의지로 밀고 나가면 극복할 수 있으며, 하고자 하는 마음만 먹으면 못 할 일이 없다는 것을 비유하는 말입니다. 꿈꾸는 만큼 성장하듯 마음먹은 만큼 스페인어를 잘할 수 있습니다. 『끝장 스페인어』와 함께 끝까지 쉬지 않고 스페인어 학습에 정진하여 여러분의 소원하는 바를 이루시길 바랍니다.

마지막으로 이 책이 있기까지 도움을 주신 HiEnglish 출판팀 식구들과 외부 전문가들 그리고 늘 현장에서 강의하시는 HiEnglish 강사님들께 진심으로 감사의 뜻을 전합니다. 이 책이 한국과 스페인의 민간 교류에 작은 다리 역할을 했으면 좋겠습니다.

2020년 2월

윤주영

차 례

머리말   3
차례   4
학습 내용   6
이 책의 구성과 특징   8

UNIT 01   스페인어 문자와 발음   10
UNIT 02   인사_¡Buenos días! ¿Cómo estás?   18
UNIT 03   가족_Te presento a mi familia.   26
UNIT 04   직장_¿Dónde trabajas hoy en día?   34
UNIT 05   성격_¿Cómo es él?   42
UNIT 06   날씨_¿Qué tiempo hace hoy en España?   50
UNIT 07   전화_Me gustaría hablar con la Sra. María.   58
UNIT 08   출장_¿Cuándo va a viajar?   66
UNIT 09   공항_¿Todavía puedo facturar mi equipaje?   74
UNIT 10   호텔_Quisiera reservar una habitación individual.   82

UNIT 11	약속_¿Cuándo te va bien?	90
UNIT 12	길 찾기_¿Cómo puedo ir al Museo del Prado?	98
UNIT 13	회의_¿Cuál es la cantidad mínima para un pedido?	106
UNIT 14	여행_¿Me recomiendas alguna ciudad para viajar?	114
UNIT 15	쇼핑_¿Cuál es el recuerdo más famoso en España?	122
UNIT 16	식당_De primero, me apetece una ensalada de salmón.	130
UNIT 17	병원_Me duele la barriga.	138
UNIT 18	은행_¿Aquí se puede cambiar moneda?	146
UNIT 19	축하_¡Felicidades! ¡Tenemos que celebrarlo!	154
UNIT 20	명절_¡Feliz Semana Santa, Minho!	162

해석 및 참고 답안   170

학습 내용

UNIT	단원 제목	학습 목표	주요 표현	주요 어법
01	스페인어 문자와 발음			
02 인사	¡Buenos días! ¿Cómo estás?	❶ 처음 만나 상대방 확인하기 ❷ 상대방의 상태 물어 보고 답하기	• Buenos días. ¿Usted es María? • Buenas tardes, Ana. ¿Cómo estás? • Estoy muy bien, gracias. ¿Y tú?	❶ 주격인칭대명사 ❷ ser 동사 ❸ estar 동사
03 가족	Te presento a mi familia.	❶ 상대방에게 가족 소개하기 ❷ 사진 속 인물 설명 하기	• Estos son mis hijos, Pedro y Lucía. • María, ¿quién es esta persona de la foto? • ¡Ah! Es mi hermana menor, Isabel.	❶ 스페인어 의문문 만들기 ❷ 국적 및 출신지 표현하기 ❸ '-ar 동사' 변형 연습
04 직장	¿Dónde trabajas hoy en día?	❶ 직장 묻고 답하기 ❷ 상대방에 도움 요청 하기	• Carla, ¿dónde trabajas hoy en día? • Ahora trabajo en una empresa de moda. • ¿Cómo escribo un informe de ventas?	❶ -er 동사, -ir 동사 변형 연습 ❷ 불규칙 동사 poder, tener, hacer 변형 연습 ❸ '~를 할 수 있다' 표현하기
05 성격	¿Cómo es él?	❶ 성격 묻고 답하기 ❷ 이상형 묻고 답하기	• ¿Cómo es él? • Pues, parece diligente y responsable. • Ana, ¿cómo es tu pareja ideal?	❶ 성격 물어보고 답하기 ❷ '~처럼 보인다' 표현하기 ❸ '사람들은 ~라고 한다' 표현하기
06 날씨	¿Qué tiempo hace hoy en España?	❶ 날씨 묻고 답하기 ❷ 좋아하는 계절 말 하기	• ¿Qué tiempo hace hoy en España? • Hace mucho calor porque es verano. • En mi caso, me gusta el otoño porque hace fresco.	❶ 날씨 묻고 답하기 ❷ '~를 해야 한다' 표현하기 ❸ '~를 좋아하다' 표현하기
07 전화	Me gustaría hablar con la Sra. María.	❶ 전화 걸기 ❷ 잘못 걸려온 전화에 응답하기	• Empresa ABC, ¿dígame? • ¡Buenos días! Me gustaría hablar con la Sra. María. • Se ha equivocado de número.	❶ '~하고 싶다'의 공손한 표현 ① ❷ 전화 통화 관련 표현 ❸ 스페인어 숫자(0~100)
08 출장	¿Cuándo va a viajar?	❶ 비행기 티켓 구매 하기 ❷ 도착 일정 묻고 답 하기	• ¡Hola! Me gustaría comprar un billete a Madrid. • Jinho, ¿cuándo vienes a España? • Llego al aeropuerto de Madrid-Barajas el día 6.	❶ '~할 것이다' 표현하기 ❷ '언제 ~인지' 표현하기 ❸ 얼마인지 묻고 답하기
09 공항	¿Todavía puedo facturar mi equipaje?	❶ 탑승 수속하기 ❷ 계약에 대한 의지 나타내기	• ¿Cuántas maletas quiere facturar? • Solo una. Prefiero llevar esta mochila conmigo. • Entonces, hablando de trabajo, nos gustaría cerrar un contrato con vosotros.	❶ 몇 개인지 물어보기 ❷ '~를 선호하다' 표현하기 ❸ '~하는 것이 ~번째다' 표현하기
10 호텔	Quisiera reservar una habitación individual.	❶ 호텔 예약하기 ❷ 세탁 서비스 이용 하기	• ¡Hola! Quisiera reservar una habitación individual. • ¿Qué tal si usa el servicio de lavandería? • Me parece bien. Quisiera usarlo ahora.	❶ '~하고 싶다'의 공손한 표현 ② ❷ '~하는 것이 어떠세요?' 표현하기 ❸ 제안에 대한 의견 표현하기

11 약속	¿Cuándo te va bien?	❶ 약속 날짜 잡기 ❷ 약속 변경하기	• ¿Cuándo te va bien? • ¿Qué tal el próximo lunes por la mañana? • ¿Podemos cambiar la hora de la cita?	❶ 용이한 시간 묻고 답하기 ❷ 요일과 시간 ❸ 구체적인 시간 표현
12 길찾기	¿Cómo puedo ir al Museo del Prado?	❶ 길 묻고 답하기 ❷ 시간이 얼마나 걸리는지 묻고 답하기	• ¿Cómo puedo ir al Museo del Prado? • ¿Cuánto tiempo tardo en llegar? • Vas a tardar solo diez minutos.	❶ 길 묻고 답하기 ❷ 위치 표현하기 ❸ '(시간)이 걸리다' 표현하기
13 회의	¿Cuál es la cantidad mínima para un pedido?	❶ 회의 시작하기 ❷ 주문 최소 수량 물어보기	• ¿Ya podemos empezar la reunión? • Sí, la empezamos ahora. Estamos preparados. • ¿Cuál es la cantidad mínima para un pedido?	❶ 직접목적격대명사 ❷ '~당 ~개씩' 표현하기 ❸ 최소/최대값 물어보기
14 여행	¿Me recomiendas alguna ciudad para viajar?	❶ 여행할 도시 추천받기 ❷ 투어 예약하기	• ¿Quieres hacer algo en especial? • Estoy pensando en ver monumentos famosos. • Bien pensado. Tenemos una promoción para esos días.	❶ 추천해 주기 ❷ 특별히 하고 싶은 것 묻기 ❸ 현재진행형
15 쇼핑	¿Cuál es el recuerdo más famoso en España?	❶ 기념품 추천해 주기 ❷ 가게에서 기념품 구입하기	• María, ¿Cuál es el recuerdo más famoso en España? • Creo que es el turrón. ¿Te suena el turrón? • El turrón más famoso es el de Alicante.	❶ 최상급 표현하기 ❷ '~라고 생각한다(믿는다)' 표현하기 ❸ 명사의 생략
16 식당	De primero, me apetece una ensalada de salmón.	❶ 식당에서 음식 주문하기 ❷ 디저트와 와인 주문하기	• ¿Qué quiere de primer plato? • Acabamos de abrir una botella de vino de Rioja. • En ese caso, una copa de Rioja, por favor.	❶ '~가 당긴다' 표현하기 ❷ '방금 막 ~했다' 표현하기 ❸ 음식점에서 유용한 표현
17 병원	Me duele la barriga.	❶ 상태 묻고 증상 말하기 ❷ 약 복용법 듣기	• ¡Buenos días, Jinho! ¿Qué le pasa? • ¡Buenos días, Dra. Martínez! Me duele la barriga. • Tienes que tomar un sobre tres veces al día.	❶ '~가 아프다' 표현하기 ❷ '언제부터 ~하였는지' 표현하기 ❸ '~를 그만두다(끊다)' 표현하기
18 은행	¿Aquí se puede cambiar moneda?	❶ 환전하기 ❷ 계좌 열고 이자율 물어보기	• Me gustaría cambiar de wones a euros. • ¡Hola! Quisiera abrir una cuenta bancaria. • ¿Se refiere a la cuenta personal de ahorro a plazos?	❶ 은행과 관련된 주요 표현 ❷ Si 가정문 ❸ '사실은 ~입니다' 표현하기
19 축하	¡Felicidades! ¡Tenemos que celebrarlo!	❶ 승진 축하하기 ❷ 결혼 축하하기	• La verdad es que acaban de promocionarme. • ¿De verdad? ¡Felicidades! ¡Tenemos que celebrarlo! • Minho, te doy una invitación a mi boda.	❶ '안색이 어떠해 보이다' 표현하기 ❷ 축하 및 기념의 표현 ❸ '~ 하지 않을래?' 표현하기
20 명절	¡Feliz Semana Santa, Minho!	❶ 명절 일정 물어보기 ❷ 명절을 함께 축하하기	• Ya viene Semana Santa. Este año hay un puente y tengo cinco días libres. • En España, comemos la mona de Pascua.	❶ 「Tener 동사 + 주어 + 형용사」 ❷ 관계대명사 que ❸ 직접목적격대명사의 위치

이 책의 구성과 특징

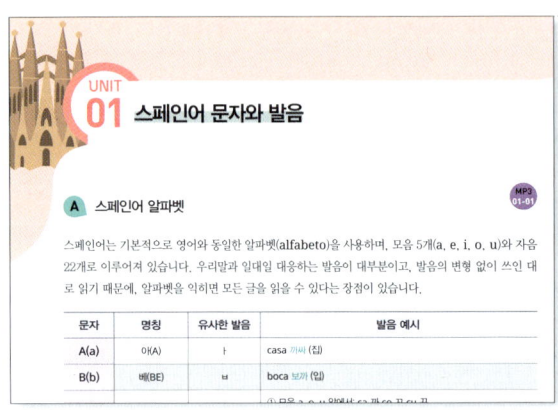

스페인어 문자와 발음

스페인어의 기초 상식, 문자와 발음을 익혀 스페인어에 대한 이해를 높입니다.

주요 표현 및 단어 끝장내기

각 과의 주요 표현을 제시된 사진과 함께 미리 살펴보고, 회화에서 배울 새 단어를 학습합니다.

✓ **Check 1**
간단한 단어 문제를 풀어봅니다.

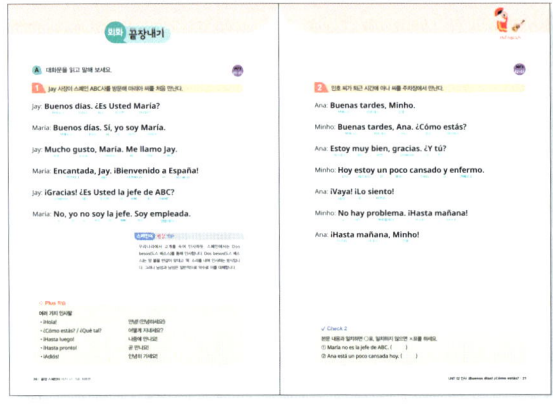

회화 끝장내기

다양한 상황을 통해 스페인 현지에서 바로 쓸 수 있는 생활 회화를 학습합니다.

-¦- **Plus 학습**
각 과의 회의 내용 이외에 관련된 단어나 표현을 추가로 학습할 수 있습니다.

• **스페인어 현장 TIP**
스페인어와 관련된 지식과 스페인과 관련된 현지 소식을 알아봅니다.

✓ **Check 2**
회화 내용과 관련된 퀴즈를 풀어봅니다.

HiEnglish

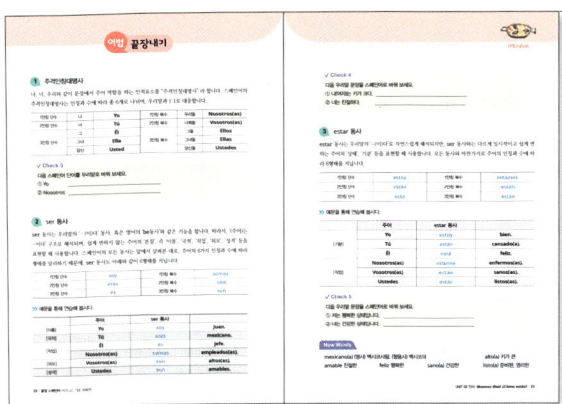

어법 끝장내기

회화 본문에 제시한 주요 어법을 자세한 설명과 예문을 통해 학습합니다.

✓ **Check 3~5**

학습한 어법에 관해 문제를 풀면서 내용을 다시 확인해 봅니다.

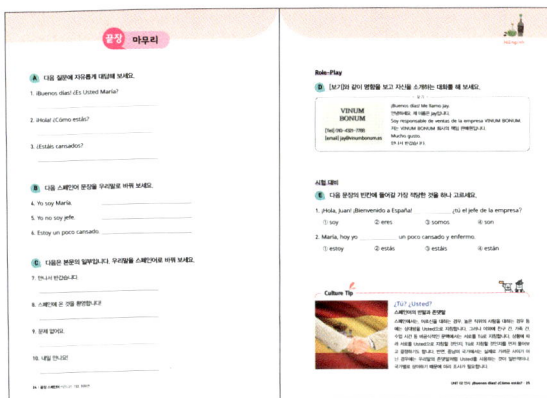

끝장 마무리

10개의 다양한 문항을 통해 단원에서 익힌 회화와 어법을 스스로 평가하는 시간을 갖습니다.

• **Role-play**

Role-play 문항을 통해 자유로운 역할 활동을 합니다.

• **시험 대비**

스페인어 공인 시험(DELE, FLEX 스페인어)을 대비하여 유사 문항을 통해 실력을 쌓아 갑니다.

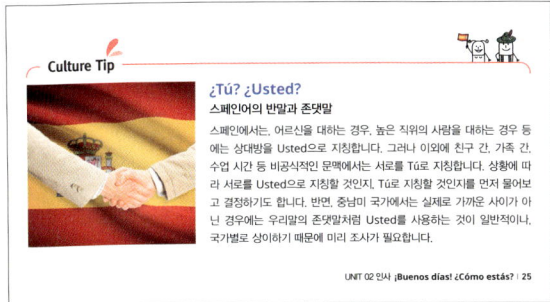

Culture Tip

스페인의 음식, 교통, 주택 등 다양한 현지 문화를 소개함으로써 스페인에 대한 이해도를 높이고자 하였습니다. 스페인에 가지 않아도, 글을 읽음으로써 생생한 스페인 상황을 느낄 수 있습니다.

일러 두기

1. 발음은 스페인어 표준 발음을 표기하였습니다.
2. MP3에는 문자와 발음, 주요 표현, 단어, 대화문이 녹음되어 있고, 녹음된 단원마다 고유 번호를 부여하였습니다.
3. 이 책의 본문에 나오는 회화 내용의 배경은 스페인입니다.

UNIT 01 스페인어 문자와 발음

A 스페인어 알파벳

스페인어는 기본적으로 영어와 동일한 알파벳(alfabeto)을 사용하며, 모음 5개(a, e, i, o, u)와 자음 22개로 이루어져 있습니다. 우리말과 일대일 대응하는 발음이 대부분이고, 발음의 변형 없이 쓰인 대로 읽기 때문에, 알파벳을 익히면 모든 글을 읽을 수 있다는 장점이 있습니다.

문자	명칭	유사한 발음	발음 예시
A(a)	아(A)	ㅏ	casa 까싸 (집)
B(b)	베(BE)	ㅂ	boca 보까 (입)
C(c)	쎄(CE)	ㄲ/ㅆ(th)	① 모음 a, o, u 앞에서: ca 까 co 꼬 cu 꾸 　　Corea 꼬레아 (한국) Cuba 꾸바 (쿠바) ② 모음 e, i 앞에서: ce 쎄 ci 씨 　　celo 쎌로 (질투) ciudad 씨우닫 (도시) ③ ch: 'ㅊ'로 발음합니다. 　　chao 차오 (잘 가)
D(d)	데(DE)	ㄷ	우리말 'ㄷ'보다 힘을 빼고 부드럽게 발음합니다. dedo 데도 (손가락)
E(e)	에(E)	ㅔ	cebolla 쎄보야 (양파)
F(f)	에뻬(EFE)	ㅃ(f)	영어의 'f'와 동일하게 발음합니다. familia 빠밀리아 (가족)
G(g)	헤(GE)	ㅋ-ㅎ	① 모음 a, o, u 앞에서: ga 가 go 고 gu 구 　　gato 가또 (고양이) ② 모음 e, i 앞에서: ge 헤 gi 히 (목젖을 굵듯이 'ㅋ'와 'ㅎ'사이로 발음합니다.) 　　gente 헨떼 (사람들)
H(h)	아체(HACHE)	묵음	¡Hola! 올라 (안녕!)
I(i)	이(I)	ㅣ	idea 이데아 (생각)
J(j)	호따(JOTA)	ㅋ-ㅎ	목젖을 굵듯이 'ㅋ'와 'ㅎ'사이로 발음합니다. juntos 훈또스 (함께)
K(k)	까(KA)	ㄲ	kiwi 끼위 (키위)

L(l)	엘레(ELE)	ㄹ	libro 리브로 (책) -ㅔ: 모음이 더해져 야, 예, 이, 요, 유로 발음합니다. llama 야마 (불꽃)
M(m)	에메(EME)	ㅁ	madre 마드레 (엄마)
N(n)	에네(ENE)	ㄴ	no 노 (아니요)
Ñ(ñ)	에네(EÑE)	ㄴ	모음이 더해져 냐, 녜, 니, 뇨, 뉴로 발음합니다. España 에스빠냐 (스페인)
O(o)	오(O)	ㅗ	ojo 오호 (눈)
P(p)	뻬(PE)	ㅃ	pared 빠렏 (벽)
Q(q)	꾸(CU)	ㄲ	qué 께 (무엇)

R(r)	에레(ERRE)	ㄹ/ㄹㄹ	oreja 오레하 (귀)
			-혀를 굴려 'ㄹㄹ' 발음을 해야 하는 예외적 경우
			① 단어의 처음, 자음 앞, 자음 n, s, l 뒤에서
			   radio ㄹ라디오 (라디오)
			   Argentina 아ㄹ르헨띠나 (아르헨티나)
			   alrededor 알ㄹ레데도르 (주위)
			② rr로 쓰였을 때
			   ferrocarril 뻬ㄹ로까ㄹ릴 (철도)

S(s)	에세(ESE)	ㅆ	beso 베쏘 (키스)
T(t)	떼(TE)	ㄸ	también 땀비엔 (또한)
U(u)	우(U)	ㅜ	uva 우바 (포도)
V(v)	우베(UVE)	ㅂ	영어의 'v'가 아닌, 'b' 처럼 'ㅂ'로 발음합니다. vino 비노 (와인)
W(w)	우베 도블레 (UVE DOBLE)	ㅇ(w)	외래어에만 쓰이는 문자로, 영어 발음대로 읽습니다. Washington 와싱똔 (워싱턴)

X(x)	엑끼스(EQUIS)	ㅆ/ㄱㅆ/ㅎ	① 단어의 처음에서: 'ㅆ' 발음
			   xilófono 씰로뽀노 (실로폰)
			② 일반적인 경우: 앞에 받침 'ㄱ' 을 더해주고 'ㅆ' 발음
			   examen 엑싸멘 (시험)
			③ 굳어진 지명: 'ㅎ' 발음
			   México 메히꼬 (멕시코)

Y(y)	예(YE)	ㅇ	yo 요 (나)
Z(z)	쎄따(ZETA)	ㅆ(th)	'c'와 동일하게 발음합니다. zapato 싸빠또 (신발)

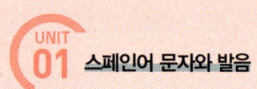

B 강세 규칙

스페인어의 모든 단어에는 강세를 받는 음절이 있습니다. 강세를 준다는 것은, 음가를 조금 높이고 강하게 발음한다는 것입니다.

» 규칙 ❶
모음으로 끝나는 경우 및 자음 n, s로 끝나는 경우에는 끝에서 두 번째 음절에 강세
- madre: **ma** dre 마드레 (엄마)
- examen: e **xa** men 엑싸멘 (시험)
- juntos: **jun** tos 훈또스 (함께)

> **스페인어 현장 TIP**
> 음절은 모음을 기준으로 분해되며, 이중모음의 경우 묶어서 음절 분해 후 강모음 (a, o, u)에 강세를 줍니다.

» 규칙 ❷
n, s를 제외한 자음으로 끝나는 경우에는 마지막 음절에 강세
- ciudad: ciu **dad** 씨우닫 (도시)

» 규칙 ❸
이외에 특정 모음에 강세 표시가 첨가 되어있다면 해당 음절에 강세
- México: **Mé** xi co 메히꼬 (멕시코)
- también: tam **bién** 땀비엔 (또한)

C 스페인어의 문장 구조

① 기본 구조

스페인어의 문장은 「주어+동사+보어」 순서로 구성되어 있습니다. 그러나 이 순서가 반드시 지켜지는 것은 아닙니다. 강조 및 대조를 목적으로 뉘앙스를 다르게 하기 위해 상대적으로 자유롭게 이동할 수 있습니다.

María	**habla**	**español**.
마리아	아블라	에스빠뇰
(주어) 마리아는	(동사) 말합니다	(목적어) 스페인어를.

스페인어에서는 동사가 주어의 인칭과 수에 따라 형태를 달리하기 때문에, 굳이 주어를 명시하지 않더라도 어림할 수 있다면, 주어를 사용하지 않는다는 특징이 있습니다.

(Yo)	**Soy**	**empleado**.
요	쏘이	엠쁠레아도
(주어) 나는	(동사) (나는) ~이다	(보어) 직원.

위 문장에서의 'soy'는 '~이다'를 뜻하는 'ser 동사'의 1인칭 단수 형태입니다. 따라서 주어 'Yo'가 '나'에 대한 이야기라는 것을 알 수 있으므로, 생략할 수 있습니다.

② 부정문 구조

스페인어에서 부정문은 주어와 동사 사이에 부정을 의미하는 'no'를 삽입하여 만듭니다.

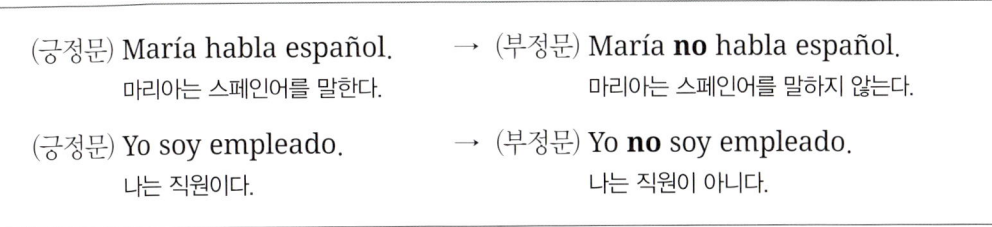

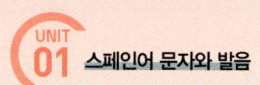

D 스페인어의 성

스페인어의 남성과 여성을 구분하는 언어입니다. 특히 스페인어 모든 명사와 형용사는 남성 혹은 여성으로 나뉘어 있습니다.

특징 ① 형용사와 명사는, 자신과 의미적으로 연결된 대상이 여성인지 남성인지에 따라 형태를 달리합니다.

(1) 남성을 지칭하는 형용사나 명사가 –o로 끝난다면, 여성형을 지칭하는 형용사나 명사는 –a로 끝납니다.

"저는 피곤합니다."	
(남성) Estoy cansado. 에스또이 깐싸도.	(여성) Estoy cansada. 에스또이 깐싸다.

(2) 남성을 지칭하는 형용사나 명사가 자음으로 끝난다면, 여성형은 a가 추가됩니다.

"저는 스페인 사람입니다."	
(남성) Soy español. 쏘이 에스빠뇰.	(여성) Soy española. 쏘이 에스빠뇰라.

(3) 형용사나 명사의 남성형과 여성형이 동일하다면, 관사를 통해 성을 구분하면 됩니다.

"사장"	
(남성) El jefe 엘 헤페	(여성) La jefe 라 헤페

특징 ② 명사의 경우, 본래부터 여성 혹은 남성성을 타고납니다. 따라서 모든 명사는 남성명사와 여성명사로 나뉘고, 어휘를 암기할 때 함께 익혀 두어야 합니다.

(남성명사) el día (날), el señor (아저씨), el gusto (즐거움), el problema (문제)
　　　　　엘 디아　　　엘 세뇨르　　　　엘 구스또　　　　　엘 쁘로블레마

(여성명사) la mañana (오전), la tarde (오후), la noche (밤)
　　　　　라 마냐나　　　　라 따르데　　　　라 노체

특징 ③ 복수의 사람들을 묶어서 지칭할 때, 구성원 중 남성이 한 명이라도 포함되면 전체를 남성으로 취급합니다. 구성원이 모두 여성일 경우에는 전체 집합을 여성으로 취급합니다.

가령, '우리들'을 뜻하는 명사가 남성형태로서 'nosotros'로 쓰인다면, '우리들'의 구성원 중 모두가 남성일 수도 있고, 오직 단 한 명만이 남성일 수도 있습니다.
그러나, '우리들'을 뜻하는 명사가 여성형태로서 'nosotras'로 쓰인다면, 이는 구성원 전체가 여성임을 뜻합니다.

E 스페인어의 수

스페인어의 성은 단수와 복수로 나뉩니다. 단수를 기준으로 복수는 만드는 방법은 기본적으로 영어와 동일합니다.

특징 ① 모음으로 끝나는 명사에는 -s를 추가합니다.
  -el libro 엘 리브로 (책)   → los libros 로스 리브로스 (책들)

특징 ② 자음으로 끝나는 명사는 -es를 추가합니다.
  -la ciudad 라 씨우닫 (도시) → las ciudades 라스 씨우다데스 (도시들)

특징 ③ 단수와 복수의 형태가 동일한 명사도 존재합니다.
  -la tesis 라 떼씨스 (논문)   → las tesis 라스 떼시스 (논문들)

특징 ④ 단수에서 복수로 전환할 때 강세 유지를 위해 강세표시가 첨가되는 경우도 있습니다.
  -el joven 엘 호벤 (젊은이) → los jóvenes 로스 호베네스 (젊은이들)

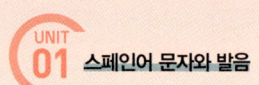

F 스페인어의 성수일치

성과 수가 뚜렷이 구분되어 존재하는 스페인어의 사용에 있어서 '성수일치'는 반드시 지켜져야 하는 규칙 중 하나입니다. '성수일치'란, 서로 다른 문장 구성 성분이 동일한 대상을 의미적으로 지칭할 때, 성과 수에 있어 일치되어야 한다는 것입니다.

① 관사 – 명사 – 형용사의 성수일치
관사와 형용사는 수식하는 명사에 성수일치해야 합니다.

Las	**chicas**	**simpáticas**
라스	치까스	씸빠띠까
(관사) 그	(명사) 여자아이들	(형용사) 친절한.

위에서는 'chicas (여자아이들)'가 여성복수형이기 때문에, 여성복수형 정관사 (las)와 여성복수형 형용사 (simpáticas)가 사용되었습니다.

② 주어 – 보어의 성수일치
보어로서의 명사 및 형용사는, 자신과 의미적으로 연결되는 주어와 성수일치합니다.
(1) 보어가 명사인 경우

Ella	**es**	**empleada**.
에야	에스	엠쁠레아다.
(주어) 그녀는	(동사) (그녀는) ~이다	(보어) 직원.

위 문장에서의 주어는 Ella (그녀)이므로 여성 단수입니다. 따라서 주어와 의미적으로 연결되어 있는 보어로서의 명사 empleada (직원)도 여성 단수 형태를 취합니다.

(2) 보어가 형용사인 경우

Mis padres	**son**	**generosos**.
미스 빠드레스	쏜	헤네로소스.
(주어) 나의 부모님은	(동사) (그들은) ~이다	(보어) 관대한.

위 문장에서의 주어는 남성복수인 **Mis padres** (나의 부모님)입니다. 부모님 중 한 분이 남성이기 때문에, 전체를 남성으로 취급하는 것입니다. 따라서, 주어의 성질을 묘사하는 보어로서의 형용사 **generosos** (관대한) 역시 남성복수형으로 통일됨을 확인할 수 있습니다.

G 정관사와 부정관사

앞에서 보았듯 스페인어의 모든 명사에는 성과 수가 있습니다. 정관사와 부정관사 또한 지칭하는 명사의 성과 수에 따라 형태를 달리합니다.

▶▶ '정관사'는 이미 언급된 명사, 혹은, 특정 명사가 무엇을 지칭하는 지에 대해 대화 구성원이 공동으로 인지하고 있는 경우 등에 사용되며 영어의 the와 동일한 기능을 합니다.

정관사	단수	복수
남성	**el** (el libro)	**los** (los libros)
여성	**la** (la ciudad)	**las** (las ciudades)

▶▶ '부정관사'는 비특정적인 명사의 경우에 사용됩니다. 부정관사 단수형의 경우, '하나의'라는 뜻으로, 복수형의 경우 '몇몇의'라는 뜻으로 사용되기도 합니다.

부정관사	단수	복수
남성	**un** (un libro)	**unos** (unos libros)
여성	**una** (una ciudad)	**unas** (unas ciudades)

UNIT 02 인사 ¡Buenos días! ¿Cómo estás?

>> 이번 과에서 배울 주요 표현을 살펴보세요.

1 처음 만나 상대방 확인하기

Buenos días. ¿Usted es María?
부에노스 디아스. 우스뗏 에스 마리아?
좋은 아침입니다. 당신이 마리아 씨인가요?

2 상대방의 상태 물어보고 답하기

Buenas tardes, Ana. ¿Cómo estás?
부애노스 따르데스, 아나. 꼬모 에스따스?
좋은 오후입니다, 아나 씨. 어떻게 지내세요?

Estoy muy bien, gracias. ¿Y tú?
에스또이 무이 비엔. 그라씨아쓰. 이 뚜?
아주 잘 지냅니다. 고마워요. 당신은요?

단어	뜻	단어	뜻	단어	뜻
bueno(a) 부에노(나)	좋은	(el, la) jefe (엘, 라) 헤뻬	상사, 장(長)	un poco 운 뽀꼬	조금, 약간
(el) día (엘) 디아	일(日), 아침	de ~ 데	~의, ~로부터	cansado(a) 깐싸도(다)	피곤한
Buenos días. 부에노스 디아스.	좋은 아침입니다.	(el, la) empleado(a) (엘, 라) 엠쁠레아도(다)	직원	enfermo(a) 엔뻬르모(마)	아픈
usted 우스뗃	당신	(la) tarde (라) 따르데	오후, 낮	¡Vaya! 바야!	이런! 에구!
ser 세르	~이다	cómo 꼬모	어떻게	Lo siento. 로 씨엔또.	유감입니다.
yo 요	나, 저	estar 에스따르	~(인 상태)이다	haber 아베르	있다
mucho(a) 무초(차)	많은	¿Cómo estás? 꼬모 에스따스?	어떻게 지내세요?	(el) problema (엘) 쁘로블레마	문제
(el) gusto (엘) 구스또	기쁨, 즐거움	muy 무이	아주, 매우	No hay problema. 노 아이 쁘로블레마.	문제 없어요.
Mucho gusto. 무초 구스또.	만나서 반갑습니다.	bien 비엔	잘, 좋게	hasta ~ 아스따	~까지
Me llamo ~. 메 야모	제 이름은 ~입니다.	Gracias. 그라씨아스	감사합니다.	(el) mañana (엘) 마냐나	내일
Encantado(a). 엔깐따도(다)	만나서 반갑습니다.	y 이	그리고	Hasta mañana. 아스따 마냐나.	내일 만나요.
Bienvenido(a). 비엔베니도(다)	환영합니다.	tú 뚜	너, 당신		
a ~ 아	~로, ~를 향해	hoy 오이	오늘, 현재		

✓ **Check 1**

다음 우리말에 맞는 스페인어를 쓰세요.

① 좋은 아침입니다. _____   ② 어떻게 지내세요? _____
③ 제 이름은 María입니다. _____   ④ 문제 없어요. _____
⑤ 만나서 반갑습니다. _____   ⑥ 내일 만나요. _____

A 대화문을 읽고 말해 보세요.

1 Jay 사장이 스페인 ABC사를 방문해 마리아 씨를 처음 만난다.

Jay: **Buenos días. ¿Es usted María?**
부에노스 디아스. 에스 우스뗃 마리아?

María: **Buenos días. Sí, yo soy María.**
부애노스 디아스. 씨, 요 쏘이 마리아.

Jay: **Mucho gusto, María. Me llamo Jay.**
무초 구스또, 마리아. 메 야모 제이.

María: **Encantada, Jay. ¡Bienvenido a España!**
엔깐따다, 제이. 비엔베니도 아 에스빠냐!

Jay: **¡Gracias! ¿Es usted la jefe de ABC?**
그라씨아쓰! 에스 우스뗃 라 헤뻬 데 아베쎄?

María: **No, yo no soy la jefe. Soy empleada.**
노, 요 노 쏘이 라 헤뻬. 쏘이 엠쁠레아다.

스페인어 현장 TIP

우리나라에서 고개를 숙여 인사하듯, 스페인에서는 Dos besos(도스 베소스)를 통해 인사합니다. Dos besos(도스 베소스)는 양 볼을 번갈아 맞대고 '쪽' 소리를 내며 인사하는 방식입니다. 그러나 남성과 남성은 일반적으로 악수로 이를 대체합니다.

⋮ Plus 학습

여러 가지 인사말

- ¡Hola!   안녕! (안녕하세요!)
- ¿Cómo estás? / ¿Qué tal?   어떻게 지내세요?
- ¡Hasta luego!   나중에 만나요!
- ¡Hasta pronto!   곧 만나요!
- ¡Adiós!   안녕히 가세요!

HiEnglish

2 민호 씨가 퇴근 시간에 아나 씨를 주차장에서 만난다.

Ana: **Buenas tardes, Minho.**
부에나스 따르데스. 민호.

Minho: **Buenas tardes, Ana. ¿Cómo estás?**
부에나스 따르데스. 아나. 꼬모 에스따스?

Ana: **Estoy muy bien, gracias. ¿Y tú?**
에스또이 무이 비엔. 그라씨아쓰. 이 뚜?

Minho: **Hoy estoy un poco cansado y enfermo.**
오이 에스또이 운 뽀꼬 깐싸도 이 엔뻬르모.

Ana: **¡Vaya! ¡Lo siento!**
비야! 로 씨엔또!

Minho: **No hay problema. ¡Hasta mañana!**
노 아이 쁘로블레마. 아스따 마냐나!

Ana: **¡Hasta mañana, Minho!**
아스따 마냐나. 민호!

✓ **Check 2**

본문 내용과 일치하면 ○표, 일치하지 않으면 ×표를 하세요.
① María no es la jefe de ABC. (   )
② Ana está un poco cansada hoy. (   )

UNIT 02 인사 ¡Buenos días! ¿Cómo estás? | 21

어법 끝장내기

1 주격인칭대명사

나, 너, 우리와 같이 문장에서 주어 역할을 하는 인적 요소를 "주격인칭대명사"라고 합니다. 스페인어의 주격인칭대명사는 인칭과 수에 따라 총 6개로 나뉘며, 우리말과 1:1로 대응합니다.

1인칭 단수	나	**Yo**	1인칭 복수	우리들	**Nosotros(as)**
2인칭 단수	너	**Tú**	2인칭 복수	너희들	**Vosotros(as)**
3인칭 단수	그	**Él**	3인칭 복수	그들	**Ellos**
	그녀	**Ella**		그녀들	**Ellas**
	당신	**Usted**		당신들	**Ustedes**

✓ **Check 3**

다음 스페인어 단어를 우리말로 바꿔 보세요.
① Yo _____
② Nosotros _____

2 ser 동사

ser 동사는 우리말의 '~(이)다' 동사, 혹은 영어의 'be동사'와 같은 기능을 합니다. 따라서, '(주어)는 ~이다' 구조로 해석되며, 쉽게 변하지 않는 주어의 '본질', 즉 '이름', '국적', '직업', '외모', '성격' 등을 표현할 때 사용합니다. 스페인어의 모든 동사는 앞에서 살펴본 대로, 주어의 6가지 인칭과 수에 따라 형태를 달리하기 때문에, ser 동사도 아래와 같이 6형태를 지닙니다.

1인칭 단수	soy	1인칭 복수	somos
2인칭 단수	eres	2인칭 복수	sois
3인칭 단수	es	3인칭 복수	son

▶▶ 예문을 통해 연습해 봅시다.

	주어	ser 동사	
[이름]	**Yo** 나는	**soy** 입니다.	**Juan.** 후안
[국적]	**Tú** 너는	**eres** 입니다.	**mexicano.** 멕시코 사람
[직업]	**Él** 그는	**es** 입니다.	**jefe.** 사장
	Nosotros(as) 우리들은	**somos** 입니다.	**empleados(as).** 직원
[외모]	**Vosotros(as)** 너희들은	**sois** 입니다.	**altos(as).** 키가 큰
[성격]	**Ustedes** 당신들은	**son** 입니다.	**amables.** 친절한

✓ Check 4

다음 우리말 문장을 스페인어로 바꿔 보세요.
① 나(여자)는 키가 크다. _____
② 너는 친절하다. _____

3 estar 동사

estar 동사는 우리말의 '~(이)다'로 자연스럽게 해석되지만, ser 동사와는 다르게 일시적이고 쉽게 변하는 주어의 '상태', '기분' 등을 표현할 때 사용합니다. 모든 동사와 마찬가지로 주어의 인칭과 수에 따라 6형태를 지닙니다.

1인칭 단수	estoy	1인칭 복수	estamos
2인칭 단수	estás	2인칭 복수	estáis
3인칭 단수	está	3인칭 복수	están

▶▶ 예문을 통해 연습해 봅시다.

	주어	estar 동사	
[기분]	**Yo** 나는	estoy (상태)입니다.	**bien.** 좋은
	Tú 너는	estás (상태)입니다.	**cansado(a).** 피곤한
	Él 그는	está (상태)입니다.	**feliz.** 행복한
[상태]	**Nosotros(as)** 우리들은	estamos (상태)입니다.	**enfermos(as).** 아픈
	Vosotros(as) 너희들은	estáis (상태)입니다.	**sanos(as).** 건강한
	Ustedes 당신들은	están (상태)입니다.	**listos(as).** 준비된

✓ Check 5

다음 우리말 문장을 스페인어로 바꿔 보세요.
① 저는 행복한 상태입니다. _____
② 너는 건강한 상태입니다. _____

New Words

mexicano(a) (명사) 멕시코사람, (형용사) 멕시코의   alto(a) 키가 큰
amable 친절한   feliz 행복한   sano(a) 건강한   listo(a) 준비된, 영리한

끝장 마무리

A 다음 질문에 자유롭게 대답해 보세요.

1. ¡Buenos días! ¿Es usted María?

2. ¡Hola! ¿Cómo estás?

3. ¿Estáis cansados?

B 다음 스페인어 문장을 우리말로 바꿔 보세요.

4. Yo soy María.

5. Yo no soy jefe.

6. Estoy un poco cansado.

C 다음은 본문의 일부입니다. 우리말을 스페인어로 바꿔 보세요.

7. 만나서 반갑습니다.

8. 스페인에 온 것을 환영합니다!

9. 문제 없어요.

10. 내일 만나요!

HiEnglish

Role-Play

D [보기]와 같이 명함을 보고 자신을 소개하는 대화를 해 보세요.

• 보기 •

VINUM BONUM

[Tel] 010-4321-7788
[email] jay@vinumbonum.es

¡Buenos días! Me llamo Jay.
안녕하세요. 제 이름은 Jay입니다.
Soy responsable de ventas de la empresa VINUM BONUM.
저는 VINUM BONUM 회사의 책임 판매원입니다.
Mucho gusto.
만나서 반갑습니다.

시험 대비

E 다음 문장의 빈칸에 들어갈 가장 적당한 것을 하나 고르세요.

1. ¡Hola, Juan! ¡Bienvenido a España! _____ ¿tú el jefe de la empresa?

   ① soy   ② eres   ③ somos   ④ son

2. María, hoy yo _____ un poco cansado y enfermo.

   ① estoy   ② estás   ③ estáis   ④ están

Culture Tip

¿Tú? ¿Usted?
스페인어의 반말과 존댓말

스페인에서는, 어르신을 대하는 경우, 높은 직위의 사람을 대하는 경우 등에는 상대방을 Usted으로 지칭합니다. 그러나 이외에 친구 간, 가족 간, 수업 시간 등 비공식적인 문맥에서는 서로를 Tú로 지칭합니다. 상황에 따라 서로를 Usted으로 지칭할 것인지, Tú로 지칭할 것인지를 먼저 물어보고 결정하기도 합니다. 반면, 중남미 국가에서는 실제로 가까운 사이가 아닌 경우에는 우리말의 존댓말처럼 Usted를 사용하는 것이 일반적이나, 국가별로 상이하기 때문에 미리 조사가 필요합니다.

UNIT 03 가족 Te presento a mi familia.

>> 이번 과에서 배울 주요 표현을 살펴보세요.

1 상대방에게 가족 소개하기

Estos son mis hijos, Pedro y Lucía.
에스또스 쏜 미스 이호스, 뻬드로 이 루씨아.
이쪽은 제 자녀들, 뻬드로와 루씨아이에요.

2 사진 속 인물 설명하기

María, ¿quién es esta persona de la foto?
마리아, 끼엔 에스 에스따 뻬르소나 데 라 포또
마리아 씨, 사진의 이 사람은 누구인가요?

¡Ah! Es mi hermana menor, Isabel.
아! 에스 미 에르마나 메노르, 이사벨.
아! 제 여동생 이사벨이에요.

단어	뜻	단어	뜻
presentar 쁘레센따르	소개하다	**quién** 끼엔	누구
mi 미	나의	**la foto** 라 뽀또	사진
(la) famillia (라) 빠밀리아	가족	**menor** 메노르	더 어린, 더 작은
bonito(a) 보니또(따)	예쁜	**(la) hermana menor** (라) 에르마나 메노르	여동생
(la) casa (라) 까싸	집	**¡Qué bien!** 께 비엔!	대단해! 정말 좋다!
este(a,os,as) 에스떼(따,또스,따스)	이 (this)	**(la) empresa** (라) 엠쁘레싸	회사
(el, la) hijo(a) (엘,라) 이호(하)	아들(딸)	**(el) italiano** (엘) 이딸리아노	이탈리아어, 이탈리아 남성
guapo(a) 구아뽀(빠)	예쁜, 멋진, 잘생긴	**italiano(a)** 이딸리아노(나)	이탈리아의
dónde 돈데	어디	**(el) español** (엘) 에스빠뇰	스페인어, 스페인 남성
¿De dónde eres? 데 돈데 에레스?	어디에서 왔어요?	**entonces** 엔똔쎄스	그러면, 따라서
Corea del Sur 꼬레아 델 수르	대한민국	**hablar** 아블라르	말하다
(la) persona (라) 뻬르소나	사람	**también** 땀비엔	또한
(el, la) hermano(a) (엘,라) 에르마노(나)	형제, 자매	**¡Claro!** 끌라로!	당연하지!

✓ Check 1

다음 우리말에 맞는 스페인어를 쓰세요.

① 나의 가족 _____ ② 집 _____
③ 여동생 _____ ④ 대단해! _____
⑤ 한 이탈리아 회사 _____ ⑥ 당연하지! _____

A 대화문을 읽고 말해 보세요.

1 민호 씨가 마리아 씨의 집에 초대받아 가족을 소개받는다.

María: **Minho, te presento a mi familia.**
민호, 떼 쁘레센또 아 미 빠밀리아.

Minho: **Gracias, María. Tu casa es muy bonita.**
그라씨아쓰, 마리아. 뚜 까싸 에스 무이 보니따.

María: **Estos son mis hijos, Pedro y Lucía.**
에스또스 쏜 미스 이호스, 뻬드로 이 루씨아.

Minho: **¡Hola, Pedro! ¡Hola, Lucía! Sois muy guapos.**
올라, 뻬드로! 올라, 루씨아! 쏘이스 무이 구아뽀스.

Pedro y Lucía: **¡Hola, Minho! ¿De dónde eres?**
올라, 민호, 데 돈데 에레스?

Minho: **Soy de Corea del Sur.**
쏘이 데 꼬레아 델 수르.

⋮ Plus 학습

가족과 관련된 표현

- el abuelo, la abuela 할아버지, 할머니
- el padre, la madre 아버지, 어머니
- el hermano, la hermana 남자 형제, 여자 형제
- el tío, la tía 숙부, 숙모
- el sobrino, la sobrina 조카

HiEnglish

2 민호 씨가 마리아 씨와 함께 사진을 보고 있다.

Minho: **María, ¿quién es esta persona de la foto?**
마리아, 끼엔 에스 에스따 뻬르소나 데 라 뽀또?

María: **¡Ah! Es mi hermana menor, Isabel.**
아! 에스 미 에르마나 메노르, 이사벨.

Minho: **¿Es también empleada de tu empresa?**
에스 땀비엔 엠쁠레아다 데 뚜 엠쁘레싸?

María: **No, Isabel es jefe de una empresa italiana.**
노, 이사벨 에스 헤페 데 우나 엠쁘레싸 이딸리아나.

Minho: **¡Qué bien! Entonces, ¿también habla italiano?**
께 비엔! 엔똔쎄스, 땀비엔 아블라 이딸리아노?

María: **Sí, claro.**
씨, 끌라로

스페인어 현장 TIP

스페인 사람들의 타고난 로망스어 감각

스페인 사람들은 스페인어와 같은 로망스어 계통의 이탈리아어, 포르투갈어 및 프랑스어를 상대적으로 쉽게 구사합니다. 특히 지리적으로 인접한 이탈리아어와 포르투갈어의 경우에는, 두 화자가 각자의 언어를 사용하면서도 의사소통이 가능할 정도입니다.

✓ **Check 2**

본문 내용과 일치하면 ○표, 일치하지 않으면 ×표를 하세요.
① Los hijos de Minho son muy guapos. (   )
② Isabel habla italiano. (   )

어법 끝장내기

1 스페인어 의문문 만들기

① 의문사를 포함한 의문문: 「의문사＋동사＋주어」 구조를 가지는 것이 자연스럽습니다. 전치사를 사용해야 하는 경우에는 의문사 앞에 배치합니다.

(전치사)	의문사	동사	주어
	¿Quién 누구	es ~입니까?	esta persona de la foto? 사진의 이 사람은
¿De ~에서	dónde 어디	eres ~입니까?	(tú)? 너는

② 의문사가 없는 의문문: 평서문의 동사를 주어 앞으로 옮기고 앞뒤에 물음표를 붙여 끝을 올려 읽는 것이 일반적입니다. 그러나 주어는 빈번히 생략되고 동사만 사용하곤 합니다.

  평서문 (Ella) Es empleada de tu empresa. 그녀는 당신 회사의 직원이다.

→ **의문문** ¿Es (ella) empleada de tu empresa? 그녀는 당신 회사의 직원입니까?

✓ Check 3
다음 우리말 문장을 스페인어로 바꿔 보세요.
① 이 사람은 누구입니까? _____
② 당신이 이 회사의 사장입니까? (주어: Usted) _____

2 국적 및 출신지 표현하기

국적 및 출신지는 주어의 변하지 않는 속성이므로 'ser동사'를 사용하여 묻고 답합니다.

질문하기 ≫ (주어)는 어디에서 왔나요?

~로부터	어디	ser 동사	(주어)
¿De	dónde	eres	(tú)?
		es	(él, ella, usted)?
		sois	(vosotros,as)?
		son	(ustedes)?

대답하기 ≫ (주어)는 (국가명)에서 왔어요.

(주어)	ser 동사	~로부터	국가명
(yo)	Soy	de	Corea del Sur.
(tú)	Eres		España.

(él, ella, usted)	Es		México.
(nosotros, as)	Somos	de	Estados Unidos.
(vosotros, as)	Sois		Perú.
(ellos, ellas, ustedes)	Son		Argentina.

✓ Check 4

다음 우리말 문장을 스페인어로 바꿔 보세요.
① 나는 대한민국에서 왔어요. _____
② 너는 멕시코에서 왔니? _____

New Words

México 멕시코   Estados Unidos 미국
Perú 페루   Argentina 아르헨티나

3   '-ar 동사' 변형 연습

스페인어의 동사는 어미가 -ar인 동사, -er인 동사, -ir인 동사로 나뉩니다. '-ar 동사'를 변형하기 위해서는 어미 -ar 자리에 -o, -as, -a, -amos, -áis, -an을 삽입합니다.

	-ar	presentar (소개하다)	hablar (말하다)
1인칭 단수	-o	present**o**	habl**o**
2인칭 단수	-as	present**as**	habl**as**
3인칭 단수	-a	present**a**	habl**a**
1인칭 복수	-amos	present**amos**	habl**amos**
2인칭 복수	-áis	present**áis**	habl**áis**
3인칭 복수	-an	present**an**	habl**an**

▶▶ 본문의 대화문을 통해 연습해 봅시다.

Te	presento	a	mi	familia.
너에게	소개한다. -동사원형: presentar -주어: Yo		나의 가족을	

Entonces,	¿también	habla		italiano?
그러면	~또한	말하니? -동사원형: hablar -주어: Isabel		이탈리아어도

✓ Check 5

다음 스페인어 동사를 괄호 안의 주어에 알맞게 변형해 보세요.
① presentar (주어: Yo) _____
② hablar (주어: Tú) _____

끝장 마무리

A 다음 질문에 자유롭게 대답해 보세요.

1. ¿De dónde eres?

2. ¿Quién es esta persona de la foto?

3. Entonces, ¿también habla italiano?

B 다음 스페인어 문장을 우리말로 바꿔 보세요.

4. Tu casa es muy bonita.

5. Estos son mis hijos.

6. Sí, claro.

C 다음은 본문의 일부입니다. 우리말을 스페인어로 바꿔 보세요.

7. 너에게 내 가족을 소개해줄게.

8. 너희들은 정말 예쁘구나.

9. 그녀는 제 여동생입니다.

10. 이사벨은 한 이탈리아 회사의 사장이에요.

HiEnglish

Role-Play

D [보기]와 같이 사진을 보고 자신의 가족을 소개해 보세요.

• 보기 •

Te presento a mi familia. 너에게 내 가족을 소개해줄게.
Estos son mis hijos, Carlos y Ana. 여기는 내 자녀들, Carlos와 Ana야.
Ana es la hermana menor de Carlos.
Ana는 Carlos의 여동생이야.
Mis hijos hablan italiano y español porque yo soy española y mi marido es italiano.
내 아이들은 스페인어와 이탈리아어를 말해. 왜냐하면 나는 스페인 여자고, 내 남편은 이탈리아 남자기 때문이야.

시험 대비

E 다음 문장의 빈칸에 들어갈 가장 적당한 것을 하나 고르세요.

1. Yo te _____ a mi familia.

   ① presentas   ② presentamos   ③ presenta   ④ presento

2. ¿_____ es esta persona de la foto?

   ① Dónde   ② Quién   ③ También   ④ Qué

Culture Tip

스페인에서 가족의 의미

스페인은 가족 중심 국가라 해도 무방할 만큼, 가족 구성원 간의 연대가 끈끈합니다. 자녀들은 특별한 이유가 없는 한, 본인이 태어나고 자란 도시의 대학으로 진학하여 가족과 상대적으로 많은 시간을 함께 보냅니다. 결혼 전까지 부모님과 함께 살거나, 자신의 동네를 쉽게 벗어나지 않기 때문에, 본인이 살던 지역에 대한 애정을 많이 가지고 있습니다. 따라서 한국 사람들은 "어디 출신입니까?"라는 질문에 "한국 사람입니다."라고 대답하는 경향이 있지만, 스페인 사람은 "마드리드 출신이에요." 혹은 "바르셀로나 사람이에요."라며 지역을 이야기합니다.

UNIT 04 직장 ¿Dónde trabajas hoy en día?

>> 이번 과에서 배울 주요 표현을 살펴보세요.

1 직장 묻고 답하기

Carla, ¿dónde trabajas hoy en día?
까를라, 돈데 뜨라바하스 오이 엔 디아?
까를라 씨, 요즘에는 어디서 일하세요?

Ahora trabajo en una empresa de moda.
아오라 뜨라바호 엔 우나 엠쁘레싸 데 모다.
지금은 패션 회사에서 일해요.

2 상대방에 도움 요청하기

¿Cómo escribo un informe de ventas?
꼬모 에스끄리보 운 인뽀르메 데 벤따스?
판매 보고서를 어떻게 쓰나요?

HiEnglish

단어	뜻	단어	뜻
trabajar 뜨라바하르	일하다	**poder** 뽀데르	~수 있다
hoy en día 오이 엔 디아	요즘, 최근	**ayudar** 아유다르	도와주다
(la) moda (라) 모다	패션, 유행	**un poco** 운 뽀꼬	조금
cuánto(a, os, as) 꽌또(따,또스,따스)	몇, 얼마나	**escribir** 에스끄리비르	쓰다, 작성하다
al día 알 디아	하루에	**(el) informe** (엘) 인뽀르메	보고서
cuatro 꽈뜨로	4	**(la) venta** (라) 벤따	판매
(la) hora (라) 오라	시간	**(el) informe de ventas** (엘) 인뽀르메 데 벤따스	판매 보고서
por 뽈	~를 통해, ~동안, ~때문에	**tener** 떼네르	가지다
genial 헤니알	훌륭한, 천재적인	**(el) modelo** (엘) 모델로	양식, 모델
hacer 아쎄르	하다	**(la) página web** (라) 빠히나 웹	웹 페이지
(la) tarde (라) 따르데	오후	**ya** 야	이제, 이미, 곧
aprender 아쁘렌데르	배우다	**ver** 베르	보다
(la) escuela (라) 에스꾸엘라	학교	**Ya lo veo.** 야 로 베오	이제 알겠다.
(el) idioma (엘) 이디오마	언어	**¡De nada!** 데 나다!	천만에요!
(la) escuela de idiomas (라) 에스꾸엘라 데 이디오마스	어학당		

✓ Check 1

다음 우리말에 맞는 스페인어를 쓰세요.

① 요즘, 최근 _____   ② 4시간 _____
③ 판매 보고서 _____   ④ 웹 페이지 _____
⑤ 배우다 _____   ⑥ 천만에요! _____

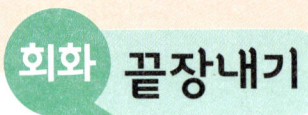

A 대화문을 읽고 말해 보세요.

1 까를라 씨와 민호 씨가 직장에 관한 이야기를 나눈다.

Minho: **Carla, ¿dónde trabajas hoy en día?**
까를라,   돈데   뜨라바하스 오이 엔 디아?

Carla: **Ahora trabajo en una empresa de moda.**
아오라   뜨라바호 엔 우나 엠쁘레싸 데 모다.

Minho: **¿Cuántas horas trabajas al día?**
꽌따스   오라스   뜨라바하스 알 디아?

Carla: **Cuatro horas. Solo trabajo por la mañana.**
꽈뜨로 오라스. 쏠로 뜨라바호 뽈 라 마냐나.

Minho: **¡Genial! Entonces, ¿qué haces por la tarde?**
헤니알! 엔똔쎄스   께 아쎄스 뽈 라 따르데?

Carla: **Aprendo coreano en una escuela de idiomas.**
아쁘렌도   꼬레아노 엔 우나 에스꾸엘라 데 이디오마스.

스페인어 현장 TIP

스페인의 직장 근무 시간
회사마다 규정하는 근무 시간에 차이가 있다 하더라도, 스페인의 주당 최대 근무 시간은 40시간입니다. 일일 9시간을 넘기지 않는 것을 원칙으로 하고 있습니다.

✢ Plus 학습

시간과 관련된 표현

- Por la madrugada   새벽에
- Por la mañana   아침(오전)에
- Por la tarde   낮(오후)에
- Por la noche   밤에

2 사무실에서 민호 씨가 마리아 씨에게 도움을 요청한다.

Minho: **María, ¿me puedes ayudar un poco?**
마리아, 메 뿌에데스 아유다르 운 뽀꼬?

María: **Claro que sí. ¿Cómo te puedo ayudar?**
끌라로 께 씨. 꼬모 떼 뿌에도 아유다르?

Minho: **¿Cómo escribo un informe de ventas?**
꼬모 에스끄리보 운 인뽀르메 데 벤따스?

María: **Tienes un modelo en la página web de la empresa.**
띠에네스 운 모델로 엔 라 빠히나 웹 데 라 엠쁘레싸.

Minho: **¡Ah! Ya lo veo… ¡Muchas gracias!**
아! 야 로 베오… 무차스 그라씨아스!

María: **¡De nada!**
데 나다!

✓ **Check 2**

본문 내용과 일치하면 ○표, 일치하지 않으면 ×표를 하세요.
① Minho trabaja en una empresa de moda hoy en día. (   )
② Minho ya puede escribir un informe de ventas. (   )

1 -er 동사, -ir 동사 변형 연습

'-er 동사'를 주어의 인칭과 수에 따라 변형하기 위해서는, 어미 -er 자리에 -o, -es, -e, -emos, -éis, -en을 삽입합니다. '-ir 동사'는 어미 -ir 자리에 -o, -es, -e, -imos, -ís, -en을 삽입합니다.

	-er	aprender (배우다)	-ir	escribir (쓰다)
1인칭 단수	-o	aprendo	-o	escribo
2인칭 단수	-es	aprendes	-es	escribes
3인칭 단수	-e	aprende	-e	escribe
1인칭 복수	-emos	aprendemos	-imos	escribimos
2인칭 복수	-éis	aprendéis	-ís	escribís
3인칭 복수	-en	aprenden	-en	escriben

>> 본문의 대화문을 통해 연습해 봅시다.

(Yo)	aprendo	coreano	en una escuela de idiomas.
(나는)	배운다. -동사원형: aprender -주어: Yo	한국어를	어학당에서

¿Cómo	escribo	un informe de ventas?
어떻게	쓰나요? -동사원형: escribir -주어: Yo	판매 보고서를

✓ **Check 3**

다음 스페인어 동사를 괄호 안 주어에 알맞게 변형해 보세요.
① aprender (주어: Yo) _____
② aprender (주어: Nosotros) _____

2 불규칙 동사 poder, tener, hacer 변형 연습

사용 빈도가 높은 동사의 일부는 불규칙 변화합니다. 어미 변화는 동일하게 유지한 채로, 1, 2, 3인칭 단수 및 3인칭 복수에서 어간이 변형되며, 1인칭 단수 형태가 변하기도 합니다. 반복을 통해 암기할 수 있도록 해야 합니다.

	poder (~수 있다)		**tener** (가지다)		**hacer** (하다)	
1인칭 단수	p**ue**d**o**	*어간 o 〉 ue	ten**go**	* Yo 불규칙 *어간 e 〉 ie	ha**go**	* Yo 불규칙
2인칭 단수	p**ue**des		ti**e**nes		haces	
3인칭 단수	p**ue**de		ti**e**ne		hace	
1인칭 복수	podemos		tenemos		hacemos	
2인칭 복수	podéis		tenéis		hacéis	
3인칭 복수	p**ue**den		ti**e**nen		hacen	

✓ **Check 4**

다음 스페인어 동사를 괄호 안 주어에 알맞게 변형해 보세요.
① poder (주어: Nosotros) _____
② tener (주어: Tú) _____

3 '~를 할 수 있다' 표현하기

「Poder 동사+동사원형」 구조를 사용하여 '~를 할 수 있다' 를 표현할 수 있습니다.

(주어)	poder	동사원형	
1인칭 단수	**Puedo** ~수 있다.	**hablar** 말하다	**español.** 스페인어를
2인칭 단수	**Puedes** ~수 있다.	**escribir** 쓰다	**un informe.** 보고서를
3인칭 단수	**Puede** ~수 있다.	**trabajar** 일하다	**solo.** 혼자서
1인칭 복수	**Podemos** ~수 있다.	**tomar** 마시다	**un café.** 커피를
2인칭 복수	**Podéis** ~수 있다.	**descansar** 쉬다	**bien.** 잘
3인칭 복수	**Pueden** ~수 있다.	**regresar** 돌아가다	**a casa.** 집으로

▶▶ 본문의 대화문을 통해 연습해 봅시다.

¿Cómo	te	pued**o**	ayudar?
어떻게	너를	~수 있나요? 동사원형: poder 주어: Yo	도와주다

✓ **Check 5**

다음 우리말 문장을 스페인어로 바꿔 보세요.
① 나는 보고서를 쓸 수 있다. _____
② 네가 나를 도와줄 수 있니? _____

New Words

solo(a) 혼자서   tomar un café 커피를 마시다
descansar 쉬다   regresar 돌아가다

끝장 마무리

A 다음 질문에 자유롭게 대답해 보세요.

1. ¿Dónde trabajas hoy en día?

2. ¿Qué haces por la tarde?

3. ¿Me puedes ayudar un poco?

B 다음 스페인어 문장을 우리말로 바꿔 보세요.

4. Solo trabajo por la mañana.

5. ¿Cómo te puedo ayudar?

6. Ya lo veo.

C 다음은 본문의 일부입니다. 우리말을 스페인어로 바꿔 보세요.

7. 너는 하루에 몇 시간 일하니?

8. 나는 어학당에서 한국어를 배워.

9. 네가 나를 조금 도와줄 수 있니?

10. 판매 보고서를 어떻게 쓰니?

Role-Play

D [보기]와 같이 사진을 보고 자신의 일을 소개해 보세요.

• 보기 •

A: ¿A qué te dedicas?
　당신은 무슨 일을 합니까?
B: Soy empleado de una empresa de moda.
　저는 패션 회사의 직원입니다.
　Trabajo cuatro horas al día.
　저는 하루에 4시간 일합니다.
　Por la mañana, escribo un informe de ventas en la oficina.
　오전에는 사무실에서 판매 보고서를 작성합니다.
　Por la tarde, puedo descansar un poco en casa.
　오후에는 집에서 조금 쉴 수 있습니다.

시험 대비

E 다음 문장의 빈칸에 들어갈 가장 적당한 것을 하나 고르세요.

1. ¿Me puedes _____ un poco?

　① ayudo　　② ayudas　　③ ayudar　　④ ayudan

2. ¿Dónde trabajas _____ en día?

　① mañana　　② tarde　　③ noche　　④ hoy

Culture Tip

¿Horario español?
스페인식 시간?

스페인에는 2시에 점심을 먹은 후 2~3시간 정도 휴식을 취하는 '씨에스따(La siesta)' 전통이 있습니다. 그 영향으로 스페인의 가게, 약국 등 작은 사업을 운영하는 자영업자들은 오후 2시부터 5시까지 문을 닫곤 합니다. 물론 규모 있는 회사들은 국제적인 흐름에 맞추어, 점심 시간을 1시간으로 줄이고, 퇴근 시간을 앞당기며 국제 표준을 따르려 노력하고 있습니다. 그럼에도 불구하고 여전히 관공서, 은행 등 공공기관의 근무 시간은 다른 국가들과 매우 상이하므로, 방문하기 전 반드시 확인이 필요합니다.

UNIT 05 성격 ¿Cómo es él?

>> 이번 과에서 배울 주요 표현을 살펴보세요.

1 성격 묻고 답하기

¿Cómo es él?
꼬모 에스 엘?
그는 어떤가요?

Pues, parece diligente y responsable.
뿌에스, 빠레쎄 딜리헨떼 이 레스뽄싸블레.
음, 부지런하고 책임감 있어 보여요.

2 이상형 묻고 답하기

Ana, ¿cómo es tu pareja ideal?
아나, 꼬모 에스 뚜 빠레하 이데알?
아나 씨, 이상형이 어떻게 되나요?

단어 끝장내기

HiEnglish

MP3 05-02

단어	뜻	단어	뜻
conocer 꼬노쎄르	알다 conozco, conoces, conoce, conocemos, conocéis, conocen	**hablador(a)** 아블라도르(라)	수다쟁이인
nuevo(a) 누에보(바)	새로운	**(la) pareja** (라) 빠레하	커플, 쌍
(el) equipo (엘) 에끼뽀	팀, 세트	**ideal** 이데알	이상적인
¿De verdad? 데 베르닫?	정말요?	**(el) hombre** (엘) 옴브레	남성, 인간
parecer 빠레쎄르	~처럼 보이다 parezco, pareces, parece, parecemos, parecéis, parecen	**simpático(a)** 씸빠띠꼬(까)	착한
diligente 딜리헨떼	부지런한	**amable** 아마블레	상냥한
responsable 레스뽄싸블레	책임감 있는	**todos** 또도스	모두들
decir 데씨르	말하다 digo, dices, dice, decimos, decís, dicen	**tener** 떼네르	가지다 tengo, tienes, tiene tenemos, tenéis, tienen
bastante 바스딴떼	상당히	**(la) media naranja** (라) 메디아 나랑하	사랑의 반쪽
callado(a) 까야도(다)	조용한	**(la) mujer** (라) 무헤르	여성
¡Qué va! 께 바!	설마요!	**imposible** 임뽀씨블레	불가능한

✓ Check 1

다음 우리말에 맞는 스페인어를 쓰세요.

① 새로운 _____ ② 부지런한 _____
③ 조용한 _____ ④ 상냥한 _____
⑤ 사랑의 반쪽 _____ ⑥ 불가능한 _____

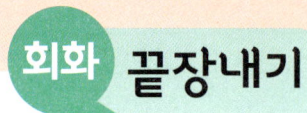

A 대화문을 읽고 말해 보세요.

1 마리아 씨와 루이스 씨가 민호 씨에 대해 이야기를 나눈다.

María: **Luis, ¿conoces a Minho?**
루이스, 꼬노쎄스 아 민호?

Luis: **Sí, el nuevo empleado coreano. Está en mi equipo.**
씨, 엘 누에보 엠쁠레아도 꼬레아노. 에스따 엔 미 에끼뽀.

María: **¿De verdad? ¿Cómo es él?**
데 베르닫? 꼬모 에스 엘?

Luis: **Pues, parece diligente y responsable.**
뿌에스, 빠레쎄 딜리헨떼 이 레스뽄싸블레.

María: **Dicen que es bastante callado.**
디쎈 께 에스 바스딴떼 까야도.

Luis: **¡Qué va! Es muy hablador.**
께 바! 에스 무이 아블라도르.

> **스페인어 현장 TIP**
>
> **스페인 사람들의 연인을 나타내는 말**
> 우리말에는 '사랑의 반쪽', '나의 반쪽'이라는 표현이 있습니다. 스페인어로는 자신의 연인을 '오렌지 반쪽', 즉 'media naranja(메디아 나랑하)'라고 합니다. 이는 고대 그리스 철학가였던 플라톤이 향연에서 남녀는 원래 하나의 오렌지처럼 완벽한 구의 모양을 하고 있었다고 기술한 데서 비롯되었다고 합니다.

Plus 학습

긍정과 부정의 맞장구 표현

- ¿De verdad?   (긍정) 정말요?
- ¿En serio?   (긍정) 진심으로요?
- ¡Qué va!   (부정) 설마요!
- ¡No me digas!   (부정) 말도 안돼요!

HiEnglish

2 민호 씨와 아나 씨가 이상형에 대해 이야기를 나눈다.

Minho: **Ana, ¿cómo es tu pareja ideal?**
아나. 꼬모 에스 뚜 빠레하 이데알?

Ana: **Mi pareja ideal es un hombre guapo, simpático y amable.**
미 빠레하 이데알 에스 운 옴브레 구아뽀. 심빠띠꼬 이 아마블레.

Minho: **Bueno, dicen que todos tenemos una media naranja.**
부에노. 디쎈 께 또도스 떼네모스 우나 메디아 나랑하.

Ana: **Y, ¿cómo es tu mujer ideal?**
이. 꼬모 에스 뚜 무헤르 이데알?

Minho: **Una mujer inteligente, diligente, simpática, guapa...**
우나 무헤르 인뗄리헨떼. 딜리헨떼. 심빠띠까. 구아빠….

Ana: **¿Cómo? Parece imposible.**
꼬모? 빠레쎄 임뽀씨블레.

✓ **Check 2**

본문 내용과 일치하면 ○표, 일치하지 않으면 ×표를 하세요.
① Minho es bastante callado. (   )
② Minho y Ana quieren tener una pareja simpática. (   )

1 성격 물어보고 답하기

성격은 한 사람이 가지는 고유한 속성이므로, 'ser 동사'를 사용하여 묻고 답합니다.

질문하기 ≫ (주어)는 어떤가요?

어떻니?	ser 동사	(주어)
¿Cómo	eres	(tú)?
	es	(él, ella, usted)?
	sois	(vosotros, as)?
	son	(ustedes)?

대답하기 ≫ (주어)는 (형용사)합니다.

(주어)	ser 동사	(형용사)
1인칭 단수	Soy	simpático(a).
2인칭 단수	Eres	callado(a)
3인칭 단수	Es	divertido(a).
1인칭 복수	Somos	diligentes.
2인칭 복수	Sois	inteligentes.
3인칭 복수	Son	habladores.

✓ **Check 3**

다음의 내용으로 괄호 안 주어에 알맞은 문장을 만들어 보세요.
① Ser inteligente. (주어: Tú) _____
② Ser hablador. (주어: Ella) _____

2 '~처럼 보인다' 표현하기

「Parecer 동사 + 형용사」 구조를 사용하여 '~처럼 보인다'를 표현할 수 있습니다.

≫ 본문의 대화문을 통해 연습해 봅시다.

(주어)	parecer 동사	형용사
(Él) (그는)	Parece ~처럼 보이다	diligente y responsable. 부지런하고 책임감 있는

(Eso) (그것은)	Parece ~처럼 보이다	imposible 불가능한

✓ Check 4

다음의 내용으로 「Parecer 동사+형용사」 구조의 문장을 만들어 보세요.
① 그는 책임감 있어 보인다. _____
② 그는 조용해 보인다. _____

3 '사람들은 ~라고 한다' 표현하기

「Dicen que +주어+동사」 구조를 사용하여 '(사람들은) ~라고 한다'를 표현할 수 있습니다.
Que는 우리말의 '~라고', 영어의 'that'과 동일한 역할을 합니다. 따라서 que 이하에는 주어와 동사를 가지는 절이 사용되어야 합니다. 물론, 문맥에 따라 생략될 수 있는 주어는 생략하는 것이 자연스럽습니다.

▶▶ 본문의 대화문을 통해 연습해 봅시다.

	(주어)	동사	
Dicen que (사람들은) ~라고 말한다	(él) (그는)	es ~이다	**bastante callado.** 상당히 조용한
	todos (모두는)	tenemos 가진다	**una media naranja** 사랑의 반 쪽을

✓ Check 5

다음의 내용으로 「Dicen que+절」 구문을 만들어 보세요.
① Juan es hablador. _____
② María es diligente. _____

New Words

novio(a) 연인   perfecto(a) 완벽한

끝장 마무리

A 다음 질문에 자유롭게 대답해 보세요.

1. ¿Conoces a Minho?

2. ¿Cómo eres tú?

3. ¿Cómo es tu pareja ideal?

B 다음 스페인어 문장을 우리말로 바꿔 보세요.

4. Parece diligente y responsable.

5. Un hombre guapo, simpático y amable.

6. Dicen que todos tenemos una media naranja.

C 다음은 본문의 일부입니다. 우리말을 스페인어로 바꿔 보세요.

7. 사람들은 그가 상당히 조용하다고 하던데요.

8. 설마요! 그는 아주 수다쟁이예요.

9. 이상형이 어떻게 되세요?

10. 불가능해 보이네요.

HiEnglish

Role-Play

D 짝과 함께 [보기]와 같이 자신의 성격을 말해 보세요.

• 보기 •

Soy una persona tranquila y callada.
저는 차분하고 조용한 사람입니다.
No soy habladora. 수다쟁이가 아닙니다.
Pero soy activa y optimista.
하지만 저는 적극적이고 낙관적입니다.
Soy bastante positiva. 저는 상당히 긍정적입니다.
Mis compañeros dicen que soy amable y simpática.
동료들은 제가 상냥하고 착하다고 말합니다.

시험 대비

E 다음 문장의 빈칸에 들어갈 가장 적당한 것을 하나 고르세요.

1. Bueno, dicen que todos temenos una media _____.

   ① manzana   ② pera   ③ tomate   ④ naranja

2. Mi pareja ideal es un _____ guapo, simpático y amable.

   ① persona   ② mujer   ③ hombre   ④ novia

Culture Tip

¿Cómo son los españoles?
스페인 사람들은 어떤가요?

우리는 '스페인 사람'을 생각하면 흔히 열정, 축구, 축제, 낮잠, 여유 등을 떠올립니다. 하지만 모든 국가가 그렇듯, 사람들의 성격을 일반화할 수는 없습니다. 그러나 스페인에는 지역별로 굳어진 이미지가 있습니다. 우선, 스페인 북부 사람들은 강인하고 점잖은 이미지라면, 남부 사람들은 수다스럽고, 사투리를 구사한다는 이미지를 가지고 있습니다. 또, 카탈루냐 지역 사람들은 행동이 빠르고 생활력이 강하다는 이미지가 있습니다. 이렇게 지역별로 이미지와 성격이 다르다 보니, 서로에 대한 오해를 유머로 풀어낸 영화까지 만들어지기도 했답니다.

UNIT 06 날씨 ¿Qué tiempo hace hoy en España?

>> 이번 과에서 배울 주요 표현을 살펴보세요.

1 날씨 묻고 답하기

¿Qué tiempo hace hoy en España?
께 띠엠뽀 아쎄 오이 엔 에스빠냐?
오늘 스페인 날씨는 어떤가요?

Hace mucho calor porque es verano.
아쎄 무초 깔로르 뽀르께 에스 베라노.
여름이기 때문에 아주 더워요.

2 좋아하는 계절 말하기

En mi caso, me gusta el otoño porque hace fresco.
엔 미 까쏘, 메 구스따 엘 오또뇨 뽀르께 아쎄 쁘레스꼬.
제 경우에는, 가을이 시원하기 때문에 좋아요.

단어	뜻	단어	뜻
ir 이르	가다 voy, vas, va vamos, vais, van	**llover** 요베르	비가 오다 llueve
(el) tiempo (엘) 띠엠뽀	시간, 날씨	**abrir** 아브리르	열다 abro, abres, abre abrimos, abrís, abren
(el) verano (엘) 베라노	여름	**(la) ventana** (라) 벤따나	창문
llevar 예바르	가져가다 llevo, llevas, lleva llevamos, lleváis, llevan	**(el) grado** (엘) 그라도	단계, 온도
(la) ropa (라) 로빠	옷	**gustar** 구스따르	즐거움을 주다 gusto, gustas, gusta gustamos, gustáis, gustan
traer 뜨라에르	가져오다 traigo, traes, trae traemos, traéis, traen	**(la) playa** (라) 쁠라야	해변
(el) abrigo (엘) 아브리고	외투	**(el) caso** (엘) 까쏘	경우, 사건
ligero(a) 리헤로(라)	가벼운	**En mi caso** 엔 미 까쏘	내 경우에는
(la) información (라) 인뽀르마씨온	정보	**(el) otoño** (엘) 오또뇨	가을
(el) paraguas (엘) 빠라구아스	우산	**(el) fresco** (엘) 쁘레스꼬	시원함
a veces 아 베쎄스	가끔	**(la) verdad** (라) 베르닫	진실, 사실

✓ **Check 1**

다음 우리말에 맞는 스페인어를 쓰세요.
① 가다 _____ ② 가져가다 _____
③ 가져오다 _____ ④ 가끔 _____
⑤ 멀다 _____ ⑥ 해변 _____

A 대화문을 읽고 말해 보세요.

1 진호 씨가 마리아 씨와 전화로 날씨에 대한 이야기를 나눈다.

Jinho: **María, mañana voy a España.**
마리아, 마냐나 보이 아 에스빠냐.

¿Qué tiempo hace hoy en España?
께 띠엠뽀 아쎄 오이 엔 에스빠냐?

María: **Hace mucho calor porque es verano.**
아쎄 무초 깔로르 뽀르께 에스 베라노.

Jinho: **Entonces, ¿solo tengo que llevar ropa de verano?**
엔똔쎄스, 쏠로 뗑고 께 예바르 로빠 데 베라노?

María: **Sí, pero también tienes que traer un abrigo ligero.**
씨, 뻬로 땀비엔 띠에네스 께 뜨라에르 운 아브리고 리헤로.

Jinho: **¡Muchas gracias por la información!**
무차스 그라씨아스 뽀르 라 인뽀르마씨온!

María: **¡Ah! También un paraguas porque, a veces, llueve.**
아! 땀비엔 운 빠라구아스 뽀르께, 아 베쎄스, 유에베.

✦ **Plus 학습**

날씨 관련 표현
- Hace frío.   추워요.
- Hace sol.   해가 쨍쨍해요.
- Hace viento.   바람이 불어요.
- Hace buen tiempo.   날씨가 좋아요.
- Hace mal tiempo.   날씨가 안 좋아요.

HiEnglish

2 민호 씨와 마리아 씨가 좋아하는 계절에 대해 이야기를 나눈다.

Minho: **María, ¿puedes abrir esa ventana, por favor?**
마리아, 뿌에데스 아브리르 에싸 벤따나, 뽀르 빠보르?

María: **Sí, sí. Ahora la abro.**
씨, 씨. 아오라 라 아브로.

Minho: **¡Uf! Hoy estamos a 30 grados. ¡Hace mucho calor!**
우프! 오이 에스따모스 아 뜨레인따 그라도스. 아쎄 무초 깔로르!

María: **Pero me gusta el verano. Podemos ir a la playa.**
뻬로 메 구스따 엘 베라노. 뽀데모스 이르 아 라 쁠라야.

Minho: **En mi caso, me gusta el otoño porque hace fresco.**
엔 미 까쏘, 메 구스따 엘 오또뇨 뽀르께 아쎄 쁘레스꼬.

María: **Eso también es verdad.**
에소 땀비엔 에스 베르닷.

> **스페인어 현장 TIP**
>
> **스페인의 에어컨 활용**
> 스페인은 우리나라와 계절 변화가 거의 동일합니다. 다만, 여름은 지역별로 차이가 있지만, 북부 지역을 제외하고는 우리나라보다 조금 더 덥습니다. 그런데 스페인은 우리나라처럼 에어컨 사용이 많지 않습니다. 일반 가정집에도 에어컨이 없는 경우가 많고, 지하철 승강장에도 에어컨이 나오지 않는 경우가 많습니다.

✓ **Check 2**

본문 내용과 일치하면 ○표, 일치하지 않으면 ×표를 하세요.
① Hace calor hoy en España. (   )
② A Minho no le gusta el otoño. (   )

어법 끝장내기

1. 날씨 묻고 답하기

「Hacer 동사＋명사」 구조를 사용하여 날씨를 묻고 답할 수 있습니다.

질문하기 ▶▶ 오늘 날씨는 어떤가요?

¿Qué	tiempo	hace	hoy?
어떤	날씨	～하다	오늘

대답하기 ▶▶ ① 동사 자체로 날씨를 표현 ② 「Hacer 동사＋명사」 구조로 날씨를 표현

비가 와요.	Llueve. (동사원형: Llover)	더워요.	Hace	calor.
눈이 와요.	Nieva. (동사원형: Nevar)	시원해요.	Hace	fresco.

✓ **Check 3**

다음 우리말 문장을 스페인어로 바꿔 보세요.
① 오늘 날씨는 어떤가요? _____
② 비가 와요. _____

2. '～를 해야 한다' 표현하기

「Tener 동사＋que＋동사원형」 구조를 사용하여 '～를 해야 한다'를 표현할 수 있습니다.

(주어)	tener 동사		
1인칭 단수	Tengo		
2인칭 단수	Tienes		
3인칭 단수	Tiene	que	동사원형
1인칭 복수	Tenemos		
2인칭 복수	Tenéis		
3인칭 복수	Tienen		

▶▶ 본문의 대화문을 통해 연습해 봅시다.

¿Solo	tengo que	llevar	ropa de verano?
단지	～해야 한다 주어: Yo	가져가다	여름 옷을?

También	tienes que	traer	un abrigo ligero.
또한	～해야 한다 주어: Tú	가져오다	가벼운 외투를.

✓ Check 4

「Tener que」 구문을 다음의 주어에 알맞게 변형해 보세요.
① 주어: Yo _____
② 주어: Tú _____

3 '~를 좋아하다' 표현하기

「간접목적격대명사+gustar+주어」 구조를 사용하여 '~를 좋아하다'를 표현할 수 있습니다. 'Gustar'는 '(~에게) 즐거움을 주다'라는 뜻입니다. 따라서 gustar 동사 다음에 나오는 '주어'가 동사 앞에 있는 '목적격 대명사'에게 '즐거움을 준다'는 구조로서 역방향으로 해석됩니다. 또한 주어가 단수냐 복수냐에 따라 gustar 동사의 변형도 적절히 이루어져야 합니다.

'간접목적격대명사'에게		즐거움을 주다	'주어'가
나에게	Me		
너에게	Te		
그에게	Le	gusta ←	단수 주어
우리에게	Nos		
너희에게	Os	gustan ←	복수 주어
그들에게	Les		

▶▶ 본문의 대화문을 통해 연습해 봅시다.

Me	gusta	el otoño.
나에게	즐거움을 준다	가을이
저는 가을이 좋아요.		

Me	gusta	el verano.
나에게	즐거움을 준다	여름이
저는 여름이 좋아요.		

✓ Check 5

다음 스페인어 문장을 자연스럽게 해석해 보세요.
① Me gusta el otoño. _____
② ¿Te gusta la primavera? _____

New Words

(la) primavera 봄   (el) invierno 겨울

끝장 마무리

A 다음 질문에 자유롭게 대답해 보세요.

1. ¿Qué tiempo hace hoy en España?

2. ¿Puedes abrir esa ventana, por favor?

3. ¿Por qué te gusta el verano?

B 다음 스페인어 문장을 우리말로 바꿔 보세요.

4. Hace mucho calor porque es verano.

5. También tienes que llevar un abrigo ligero.

6. Me gusta el verano porque podemos ir a la playa.

C 다음은 본문의 일부입니다. 우리말을 스페인어로 바꿔 보세요.

7. 그러면 저는 여름 옷만 가져가면 되나요?

8. 가끔 비가 와요.

9. 오늘은 기온이 30도예요.

10. 저는 가을이 좋아요.

HiEnglish

Role-Play

D [보기]와 같이 짝과 함께 자신이 좋아하는 계절에 대해 말해 보세요.

• 보기 •

A: ¿Qué estación te gusta más?
　　당신은 어떤 계절을 좋아하나요?
B: Me gusta el verano.
　　저는 여름을 좋아합니다.
　　Puedo ir a la playa y tomar el sol.
　　해변에 가고 선탠을 할 수 있습니다.

시험 대비

E 다음 문장의 빈칸에 들어갈 가장 적당한 것을 하나 고르세요.

1. Entonces, ¿solo tengo que _____ ropa de verano?

　① llevo　　　② llevar　　　③ llevamos　　　④ llevan

2. ¡Uf! Hoy estamos _____ 30 grados. ¡Hace mucho calor!

　① en　　　② de　　　③ por　　　④ a

Culture Tip

¡Qué calor!
너무 덥다!

스페인의 여름은 몹시 덥습니다. 우리나라처럼 비가 와서 '푹푹 찌는' 더위보다는, 해가 아주 쨍쨍하게 비추어 '바짝 타는' 더위에 가깝습니다. 2017년 여름, 코르도바의 Montoro에서는 기온이 47.3℃까지 치솟으며 스페인 최고 기온을 보여 주었습니다. 최근 몇 년간 유럽에서는 매년 여름 Ola de calor (열의 파도)가 닥치고 있어 온열 환자와 사망자가 발생하기도 하였습니다.

UNIT 07 전화 Me gustaría hablar con la Sra. María.

>> 이번 과에서 배울 주요 표현을 살펴보세요.

1 전화 걸기

Empresa ABC, ¿dígame?
엠쁘레싸   아베쎄,   디가메?
ABC 사입니다. 말씀하세요.

¡Buenos días! Me gustaría hablar con la Sra. María.
부에노스   디아스! 메   구스따리아   아블라르 꼰 라 쎄뇨라.   마리아.
좋은 아침입니다! 마리아 씨와 통화를 하고 싶습니다.

2 잘못 걸려온 전화에 응답하기

Se ha equivocado de número.
쎄   아   에끼보까도   데   누메로.
전화 잘못 거셨습니다.

단어	뜻	단어	뜻
¿Dígame? 디가메?	여보세요? 말씀하세요.	(la) semana (라) 쎄마나	주(週)
Me gustaría ~. 메 구스따리아 ~.	~하고 싶습니다.	próximo(a) 쁘록시모(마)	다음의
con ~ 꼰	~와 함께	equivocarse (de~) 에끼보까르쎄 (데~)	~를 실수하다, 틀리다
(la) parte (라) 빠르떼	부분	(el) número (엘) 누메로	숫자
¿De parte de quién? 데 빠르떼 데 끼엔?	누구시죠?	(el) departamento (엘) 데빠르따멘또	부서, 과
pasar 빠싸르	보내다 paso, pasas, pasa pasamos, pasáis, pasan	(las) finanzas (라스) 삐난싸스	재무, 재정
(la) llamada (라) 야마다	통화	(el) teléfono (엘) 뗄레뽀노	전화
(el) momento (엘) 모멘또	순간	(el) número de teléfono (엘) 누메로 데 뗄레뽀노	전화번호
venir 베니르	오다 vengo, vienes, viene venimos, venís, vienen		

✓ **Check 1**

다음 우리말에 맞는 스페인어를 쓰세요.

① 여보세요? _____   ② 부분 _____
③ 보내다 _____   ④ 순간 _____
⑤ 숫자 _____   ⑥ 전화번호 _____

A 대화문을 읽고 말해 보세요.

1 한국 BBC 사의 진호 씨가 출장 문제로 마리아 씨와 통화를 시도한다.

Luis: **Empresa ABC, ¿dígame?**
엠쁘레싸 아베쎄. 디가메?

Jinho: **¡Buenos días!**
부에노스 디아스!

Me gustaría hablar con la Sra. María.
메 구스따리아 아블라르 꼰 라 쎄뇨라. 마리아.

Luis: **¿De parte de quién?**
데 빠르떼 데 끼엔?

Jinho: **Me llamo Jinho de la empresa BBC de Corea del Sur.**
메 야모 진호 데 라 엠쁘레싸 베베쎄 데 꼬레아 델 수르.

Luis: **Un momento, por favor. Le paso la llamada.**
운 모멘또, 뽀르 빠보르. 레 빠쏘 라 야마다.

María: **¡Buenos días, Jinho! ¿Vienes a España esta semana?**
부에노스 디아스, 진호! 비에네스 아 에스빠냐 에스따 쎄마나?

Jinho: **¡Hola, María! No, voy la próxima semana.**
올라, 마리아! 노, 보이 라 쁘록씨마 쎄마나.

⋰ **Plus 학습**

미래와 관련된 시간 표현

- El próximo día   다음 날(에)
- El próximo año   다음 해(에)
- La próxima semana   다음 주(에)
- La próxima vez   다음 번(에)

2 영업 부서 실비아 씨에게 전화가 잘못 걸려 온다.

Jinho: **¡Buenos días!**
부에노스 디아스!

Me gustaría hablar con el Sr. Gonzalo.
메 구스따리아 아블라르 꼰 엘 쎄뇨르. 곤쌀로.

Silvia: **Se ha equivocado de número.**
쎄 아 에끼보까도 데 누메로.

Jinho: **¿No hablo con el Departamento de Finanzas?**
노 아블로 꼰 엘 데빠르따멘또 데 삐난싸스?

Silvia: **No, es el Departamento de Ventas.**
노, 에스 엘 데빠르따멘또 데 벤따스.

Jinho: **¡Lo siento!**
로 씨엔또!

¿Cuál es el número de teléfono de Finanzas?
꽐 에스 엘 누메로 데 뗄레뽀노 데 삐난싸스?

Silvia: **Es el 91 436 32 59.**
에스 엘 노벤따이 우노, 꾸아뜨로 뜨레인따이 세이스, 뜨레인따이 도스, 씬꾸엔따이 누에베.

스페인어 현장 TIP

스페인 국가 및 지역 전화번호
스페인의 국가번호는 +34입니다.
지역별 국번으로는 마드리드는 91, 바르셀로나는 93, 말라가는 95, 발렌시아는 96번을 사용합니다.

✓ **Check 2**

본문 내용과 일치하면 ○표, 일치하지 않으면 ×표를 하세요.
① Jinho va a España la próxima semana. (   )
② Silvia es del Departamento de Finanzas. (   )

어법 끝장내기

1 '~하고 싶다'의 공손한 표현 ①

6과에서 'gustar 동사'가 어떻게 사용되는지를 알아보았습니다. 'Gustar 동사'의 가정미래시제를 사용한 「간접목적격대명사 + gustaría + 동사원형」 구조를 통해 '~를 하고 싶다'를 공손히 표현할 수 있습니다. 이 구조에서 주어는 동사원형(~하는 것)이 됩니다.

'간접목적격대명사'에게	즐거움을 줄 것 같다	'주어'가	
나에게	Me		
너에게	Te		
그에게	Le	gustaría	동사원형
우리에게	Nos		
너희에게	Os		
그들에게	Les		

☞ 의역: (간접목적격대명사)는 (동사원형)이 하고 싶습니다.

>> 본문의 대화문을 통해 연습해 봅시다.

Me	gustaría	hablar	con la Sra. María Martínez.
나에게	즐거움을 줄 것 같다	통화하는 것이	마리아 마르띠네스 씨와

☞ 저는 마리아 마르띠네스 씨와 통화하고 싶습니다.

✓ Check 3

다음 스페인어 문장을 자연스럽게 해석해 보세요.
① Me gustaría hablar con la Sra. María. _____
② ¿Te gustaría regresar a casa? _____

2 전화 통화 관련 표현

• 여보세요?	¿Dígame?
• ~와 통화하고 싶습니다.	Me gustaría hablar con ~
• 누구시죠?	¿De parte de quién?
• 잠시만요.	Un momento, por favor.
• 전화 바꿔드릴게요.	Le paso la llamada.
• 전화 잘못 거셨습니다.	Se ha equivocado de número.
• ~의 전화번호가 뭔가요?	¿Cuál es el número de teléfono de ~?
• 전화번호는 1234 입니다.	El número de teléfono es el 1234.

✓ Check 4

다음 우리말 문장을 스페인어로 바꿔 보세요.
① 여보세요? _____
② 잠시만요. _____

3 스페인어 숫자(0~100)

0	cero 쎄로	※ 16부터 29까지는 [10의 자리 + i +1의 자리] 로 합쳐진 구조입니다. ※ 31부터 99까지는 [10의 자리] + [y] +[1의 자리] 로 분리된 구조입니다.					
1	uno(a) 우노(나)	11	once 온쎄	21	veintiuno(a) 베인띠우노(나)	31	treinta y uno(a) 뜨레인따 이 우노(나)
2	dos 도스	12	doce 도쎄	22	veintidós 베인띠도스	32	treinta y dos 뜨레인따 이 도스
3	tres 뜨레스	13	trece 뜨레쎄	23	veintitrés 베인띠뜨레스	33	treinta y tres 뜨레인따 이 뜨레스
4	cuatro 꽈뜨로	14	catorce 까또르쎄	24	veinticuatro 베인띠꽈뜨로	34	treinta y cuatro 뜨레인따 이 꽈뜨로
5	cinco 씬꼬	15	quince 낀쎄	25	veinticinco 베인띠씬꼬	35	treinta y cinco 뜨레인따 이 씬꼬
6	seis 쎄이스	16	dieciséis 디에씨쎄이스	26	veintiséis 베인띠쎄이스	36	treinta y seis 뜨레인따 이 쎄이스
7	siete 씨에떼	17	diecisiete 디에씨씨에떼	27	veintisiete 베인띠씨에떼	37	treinta y siete 뜨레인따 이 씨에떼
8	ocho 오초	18	dieciocho 디에씨오초	28	veintiocho 베인띠오초	38	treinta y ocho 뜨레인따 이 오초
9	nueve 누에베	19	diecinueve 디에씨누에베	29	veintinueve 베인띠누에베	39	treinta y nueve 뜨레인따 이 누에베
10	diez 디에스	20	veinte 베인떼	30	treinta 뜨레인따	40	cuarenta 꽈렌따

50	cincuenta 씬꾸엔따	70	setenta 쎄뗀따	90	noventa 노벤따
60	sesenta 쎄센따	80	ochenta 오첸따	100	cien 씨엔

✓ Check 5

다음 숫자를 스페인어로 써 보세요.
① 14 _____ ② 22 _____

끝장 마무리

A 다음 질문에 자유롭게 대답해 보세요.

1. Empresa ABC. ¿Dígame?
   _____

2. ¿Vienes a España esta semana?
   _____

3. ¿No hablo con el Departamento de Finanzas?
   _____

B 다음 스페인어 문장을 우리말로 바꿔 보세요.

4. Me gustaría hablar con la Sra. María Martínez.
   _____

5. Se ha equivocado de número.
   _____

6. ¿No hablo con el Departamento de Finanzas?
   _____

C 다음은 본문의 일부입니다. 우리말을 스페인어로 바꿔 보세요.

7. 누구시죠? _____

8. 잠시만요. _____

9. 전화 바꿔드리겠습니다. _____

10. 재무 부서 전화번호가 무엇이죠? _____

HiEnglish

Role-Play

D 짝과 함께 [보기]와 같이 전화번호를 묻고 답해 보세요.

• 보기 •

A: ¿Cuál es tu número de teléfono?
네 전화번호는 뭐니?
B: Mi número de teléfono es el 61 571 9826.
내 전화번호는 61 571 9826이야.

시험 대비

E 다음 문장의 빈칸에 들어갈 가장 적당한 것을 하나 고르세요.

1. Me gustaría _____ con la Sra. María Martínez.

   ① hablar   ② hablo   ③ hablas   ④ hablamos

2. ¿ _____ es el número de teléfono del Departamento de Finanzas?

   ① Quién   ② Dónde   ③ Cuál   ④ Cuánto

Culture Tip

스페인의 카카오톡?
스페인에서도 우리나라처럼 스마트폰이 아주 활발히 사용되고 있습니다. 물론 우리나라처럼 언제 어디서나 아주 빠른 인터넷을 사용할 수 있는 것은 아닙니다. 그중에서도 우리나라의 '카카오톡'처럼 스페인에서는 '왓츠앱'이라는 메신저 애플리케이션을 많이 사용합니다. 일반 SMS 문자와 통화보다 왓츠앱을 통한 대화와 통화 기능을 많이 사용한다는 점은, 우리나라와 많이 닮았습니다.

UNIT 08 출장 ¿Cuándo va a viajar?

>> 이번 과에서 배울 주요 표현을 살펴보세요.

1 비행기 티켓 구매하기

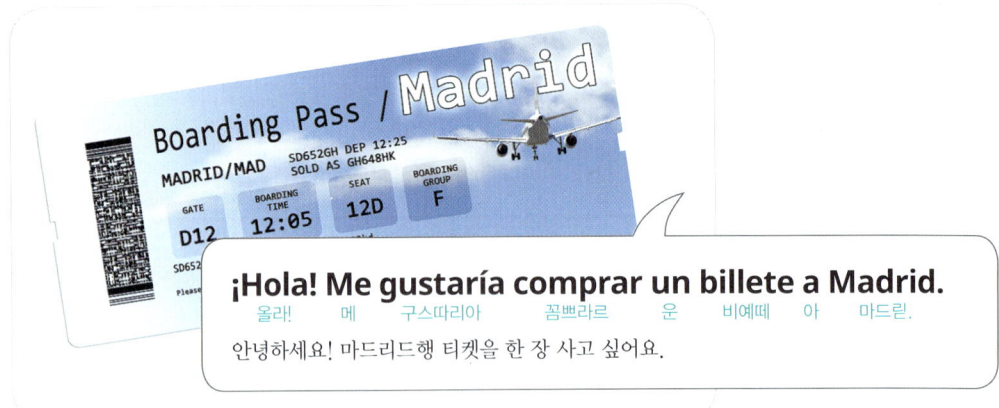

¡Hola! Me gustaría comprar un billete a Madrid.
올라! 메 구스따리아 꼼쁘라르 운 비예떼 아 마드릳.
안녕하세요! 마드리드행 티켓을 한 장 사고 싶어요.

2 도착 일정 묻고 답하기

Jinho, ¿cuándo vienes a España?
진호, 꽌도 비에네스 아 에스빠냐?
진호 씨, 스페인에 언제 오세요?

Llego al aeropuerto de Madrid-Barajas el día 6.
예고 알 아에로뿌에르또 데 마드릳 – 바라하스 엘 디아 쎄이스.
마드리드 바라하스 공항에 6일에 도착합니다.

단어 끝장내기

HiEnglish

단어	뜻	단어	뜻
comprar 꼼쁘라르	사다, 구매하다 compro, compras, compra compramos, compráis, compran	**(la) vuelta** (라) 부엘따	돌아옴, 한 바퀴
(el) billete (엘) 비예떼	티켓	**(la) ida y vuelta** (라) 이다 이 부엘따	왕복
cuándo 꽌도	언제	**costar** 꼬스따르	값이 나가다 cuesto, cuestas, cuesta costamos, costáis, cuestan
viajar 비아하르	여행하다 viajo, viajas, viaja viajamos, viajáis, viajan	**(el) euro** (엘) 에우로	유로
volver 볼베르	돌아가다 vuelvo, vuelves, vuelve vovlemos, volvéis, vuelven	**llegar a ~** 예가르 아 ~	~에 도착하다 llego, llegas, llega llegamos, llegáis, llegan
(el) tipo (엘) 띠뽀	종류	**(el) aeropuerto** (엘) 아에로뿌에르또	공항
(el) asiento (엘) 아씨엔또	좌석	**(el) mediodía** (엘) 메디오디아	정오
(la) clase (라) 끌라쎄	클래스, 수업, 계층	**al mediodía** 알 메디오디아	정오에
(la) clase ejecutiva (라) 끌라쎄 에헤꾸띠바	비즈니스 클래스	**nuestro(a)** 누에스뜨로(라)	우리의
(la) clase turista (라) 끌라쎄 뚜리스따	이코노미 클래스	**recoger** 레꼬헤르	줍다, 마중나가다 recojo, recoges, recoge, recogemos, recogéis, recogen
(la) ida (라) 이다	편도	**¡Nos vemos pronto!** 노스 베모스 쁘론또!	우리 곧 봐요!

✓ Check 1

다음 우리말에 맞는 스페인어를 쓰세요.

① 사다 _____ ② 티켓 _____
③ 여행하다 _____ ④ 왕복 _____
⑤ 유로 _____ ⑥ 공항 _____

회화 끝장내기

A 대화문을 읽고 말해 보세요.

1 진호 씨가 공항에서 마드리드행 티켓을 구매한다.

Jinho: **¡Hola! Me gustaría comprar un billete a Madrid.**
올라! 메 구스따리아 꼼쁘라르 운 비예떼 아 마드릳.

Azafata: **¿Cuándo va a viajar?**
꾼도 바 아 비아하르?

Jinho: **Me gustaría ir el día 5 y volver el 13.**
메 구스따리아 이르 엘 디아 씬꼬 이 볼베르 엘 뜨레쎄.

Azafata: **¿Qué tipo de asiento quiere?**
께 띠뽀 데 아시엔또 끼에레?

¿Clase ejecutiva o turista?
끌라쎄 에헤꾸띠바 오 뚜리스따?

Jinho: **Clase ejecutiva, por favor.**
끌라쎄 에헤꾸띠바, 뽀르 빠보르.

¿Cuánto cuesta un billete de ida y vuelta?
꾼또 꾸에스따 운 비예떼 데 이다 이 부엘따?

Azafata: **Cuesta 1.500 euros.**
꾸에스따 밀 끼니엔또스 에우로스.

·:- Plus 학습

교통 수단과 관련된 표현

- El avión   비행기
- El metro   지하철
- El tren   기차
- El taxi   택시
- El autobús   버스

HiEnglish

2 마리아 씨가 진호 씨의 마드리드 도착 일정을 묻는다.

María: **Jinho, ¿cuándo vienes a España?**
진호, 꾼도 비에네스 아 에스빠냐?

Jinho: **Llego al aeropuerto de Madrid-Barajas el día 6.**
예고 알 아에로뿌에르또 데 마드릳-바라하스 엘 디아 쎄이스.

María: **De acuerdo. ¿A qué hora llegas?**
데 아꾸에르도. 아 께 오라 예가스?

Jinho: **Voy a llegar al mediodía.**
보이 아 예가르 알 메디오디아.

María: **¡Perfecto! Nuestro empleado va a ir a recogerte.**
뻬르펙또! 누에스뜨로 엠쁠레아도 바 아 이르 아 레꼬헤르떼.

Jinho: **¡Muchas gracias! ¡Nos vemos pronto en Madrid!**
무차스 그라씨아쓰! 노스 베모스 쁘론또 엔 마드릳!

스페인어 현장 TIP

마드리드에 있는 바라하스 공항

마드리드 공항의 공식 명칭은 Aeropuerto Adolfo Suarez Madrid Barajas입니다. 프랑코 독재 후 첫 민선총리였던 Adolfo Suarez(아돌포 수아레스)를 기리기 위해 그의 이름을 사용합니다.

✓ **Check 2**

본문 내용과 일치하면 ○표, 일치하지 않으면 ×표를 하세요.
① Jinho va a viajar en avión. (   )
② Jinho llega a Madrid por la noche. (   )

어법 끝장내기

1. '~할 것이다' 표현하기

「Ir 동사＋a＋동사원형」 구조로 '~할 것이다'를 표현할 수 있습니다.

(주어)	ir 동사		
1인칭 단수	Voy		
2인칭 단수	Vas		
3인칭 단수	Va	a	동사원형
1인칭 복수	Vamos		
2인칭 복수	Vais		
3인칭 복수	Van		

>> 본문의 대화문을 통해 연습해 봅시다.

¿Cuándo	va a	viajar?
언제	~할 것이다 주어: Usted	여행하다

Voy a	llegar	al mediodía.
~할 것이다 주어: Yo	도착하다	정오에

Nuestro empleado	va a	ir	a recogerte.
우리 직원이	~할 것이다 주어: Nuestro empleado	가다	너를 마중하러

✓ **Check 3**

「Ir a」 구문을 다음의 주어에 알맞게 변형해 보세요.
① 주어: Yo _____
② 주어: Tú _____

2. '언제 ~인지' 표현하기

3과에서 의문사를 포함한 의문문을 만드는 방법을 알아보았습니다. 우리말 '언제'에 해당하는 의문사 Cuándo를 사용하여 '언제 ~인지'를 물어볼 수 있습니다. 의문사 Cuándo는 상황에 따라 '몇 시에'라는 뜻의 'A qué hora'로 대체할 수 있습니다.

▶▶ 본문의 대화문을 통해 연습해 봅시다.

¿Cuándo 언제	va a viajar?
	여행하실 거세요?
	vienes a España?
	스페인에 오세요?

¿A qué hora 몇 시에	llegas?
	도착하세요?

✓ **Check 4**

다음의 내용으로 Cuándo를 사용한 의문문을 만들어 보세요.
① Va a viajar. _____
② Viene a España. _____

3 얼마인지 묻고 답하기

우리말 '얼마'에 해당하는 의문사 'Cuánto'를 사용하여 가격이 얼마인지를 물어볼 수 있습니다. 마트에서 계산할 때처럼 전체 가격을 물어보는 경우 'ser 동사'를 사용합니다. 구체적인 물건의 가격을 물어보는 경우에는 '값이 나가다'라는 뜻의 'valer 동사'와 'costar 동사'를 사용합니다.

의문사(얼마)	동사	주어
¿Cuánto	es	주어?
	cuesta / vale	

▶▶ 본문의 대화문을 통해 연습해 봅시다.

¿Cuánto	cuesta	un billete de ida y vuelta?
얼마	값이 나가다	왕복 티켓이

✓ **Check 5**

다음의 내용의 가격을 물어보는 의문문을 만들어 보세요.
① Un billete de ida y vuelta _____
② Un paraguas _____

> **New Words**

internacional 국제의, 국제적인

끝장 마무리

A 다음 질문에 자유롭게 대답해 보세요.

1. ¿Cuándo va a viajar?
   _____

2. ¿Qué tipo de asiento quiere? ¿Clase ejecutiva o turista?
   _____

3. ¿Cuándo vienes a España?
   _____

B 다음 스페인어 문장을 우리말로 바꿔 보세요.

4. Me gustaría comprar un billete a Madrid.
   _____

5. ¿Cuánto cuesta un billete de ida y vuelta?
   _____

6. Nuestro empleado va a ir a recogerte.
   _____

C 다음은 본문의 일부입니다. 우리말을 스페인어로 바꿔 보세요.

7. 완벽해요! _____

8. 몇 시에 도착하시죠? _____

9. 정오에 도착합니다. _____

10. 마드리드에서 곧 뵈어요! _____

HiEnglish

Role-Play

D 짝과 함께 [보기]와 같이 바르셀로나행 티켓을 구매하는 대화를 해 보세요.

• 보기 •

A: ¡Buenos días! ¿En qué puedo ayudarle?
 좋은 아침입니다! 무엇을 도와드릴까요?
B: Me gustaría comprar un billete a Barcelona.
 바르셀로나행 티켓을 한 장 사고 싶어요.
A: ¿Cuándo va a viajar? 언제 여행하실 거예요?
B: Quiero ir el día 17 por la tarde y volver el 19 por la mañana.
 17일 오후에 가서 19일 오전에 돌아오고 싶어요.
A: ¿Qué tipo de asiento quiere?
 어떤 좌석을 원하세요?
B: Prefiero un asiento de clase ejecutiva. ¿Cuánto vale un billete de ida y vuelta?
 저는 비즈니스 클래스 좌석을 선호합니다. 왕복 티켓은 얼마인가요?
A: Cuesta 1.500 euros. 1500 유로입니다.
B: ¡Gracias! 감사합니다!

시험 대비

E 다음 문장의 빈칸에 들어갈 가장 적당한 것을 하나 고르세요.

1. ¿ _____ cuesta un billete de ida y vuelta?

　① Cuándo　　② Cuánto　　③ Qué　　④ Cómo

2. Nuestro empleado _____ a ir a recogerte.

　① va　　② ir　　③ voy　　④ van

Culture Tip

스페인 사람들의 여름 휴가

우리나라에서는 여름이 되면 휴가를 보낼 계획을 하느라 분주합니다. 우리나라 사람들도 동해, 부산, 제주도 등 바다를 찾는 경우가 많듯이, 스페인 사람들도 자국의 해변에서 여름 휴가를 보내는 것을 선호합니다. 그 중에서도 최고의 여름 휴가지로 꼽히는 해변이 있는 지역으로는 메노르카(Menorca), 알리칸테(Alicante), 마요르카(Mallorca), 산 세바스티안(San Sebastián), 테네리페(Tenerife), 바르셀로나(Barcelona) 등이 있습니다.

UNIT 09 공항 ¿Todavía puedo facturar mi equipaje?

>> 이번 과에서 배울 주요 표현을 살펴보세요.

1 탑승 수속하기

¿Cuántas maletas quiere facturar?
꾄따스   말레따스   끼에레   빡뚜라르?
캐리어 몇 개를 위탁하고 싶으신가요?

Solo una. Prefiero llevar esta mochila conmigo.
쏠로 우나. 쁘레삐에로 예바르 에스따 모칠라 꼰미고.
하나만요. 이 배낭은 제가 메고 가는 걸 선호해서요.

2 계약에 대한 의지 나타내기

Entonces, hablando de trabajo,
엔똔쎄스, 아블란도 데 뜨라바호,
nos gustaría cerrar un contrato con vosotros.
노스 구스따리아 쎄라르 운 꼰뜨라또 꼰 보소뜨로스.
그러면 일에 대해 얘기하자면, 저희는 당신들과 계약을 체결하고 싶습니다.

단어 끝장내기

단어	뜻	단어	뜻
(el) equipaje (엘) 에끼빠헤	짐	**(la) vez** (라) 베스	번, 회
Adelante. 아델란떼.	오세요.	**(la) primera vez** (라) 쁘리메라 베스	첫 번째
facturar 빡뚜라르	탑승 수속하다, 짐을 위탁하다 facturo, facturas, factura facturamos, facturáis, facturan	**aquí** 아끼	여기
preferir 쁘레뻬리르	선호하다 prefiero, prefieres, prefiere preferimos, preferís, prefieren	**cerrar** 쎄라르	닫다, 체결하다 cierro, cierras, cierra cerramos, cerráis, cierran
conmigo 꼰미고	나와 함께	**(el) contrato** (엘) 꼰뜨라또	계약서, 계약
llevar conmigo 예바르 꼰미고	내가 직접 소지하다	**cerrar un contrato** 쎄라르 운 꼰뜨라또	계약을 체결하다
(la) mochila (라) 모칠라	배낭	**(la) colaboración** (라) 꼴라보라씨온	협력
(el) pasillo (엘) 빠씨요	복도	**¡No hay de qué!** 노 아이 데 께!	천만에요!
¡Buen viaje! 부엔 비아헤!	좋은 여행 되세요!	**(el) placer** (엘) 쁠라쎄르	기쁨
primero(a) 쁘리메로(라)	처음의	**Es un placer.** 에스 운 쁠라쎄르.	오히려 기쁜걸요.

✓ Check 1

다음 우리말에 맞는 스페인어를 쓰세요.

① 짐 _____   ② 배낭 _____
③ 첫 번째 _____   ④ 여기 _____
⑤ 계약 _____   ⑥ 협력 _____

A 대화문을 읽고 말해 보세요.

1 진호 씨가 공항에서 탑승 수속을 한다.

Jinho: **¡Hola! ¿Todavía puedo facturar mi equipaje?**
올라! 또다비아 뿌에도 빡뚜라르 미 에끼빠헤?

Azafata: **Sí, adelante. ¿Cuántas maletas quiere facturar?**
씨, 아델란떼. 꾼따스 말레따스 끼에레 빡뚜라르?

Jinho: **Solo una. Prefiero llevar esta mochila conmigo.**
쏠로 우나. 쁘레삐에로 예바르 에스따 모칠라 꼰미고.

Azafata: **De acuerdo. ¿Qué asiento prefiere?**
데 아꾸에르도. 께 아씨엔또 쁘레삐에레?

Jinho: **¿Me da un asiento de pasillo?**
메 다 운 아씨엔또 데 빠씨요?

Azafata: **El número de su asiento es 12C. ¡Buen viaje!**
엘 누메로 데 수 아씨엔또 에스 도쎄 쎄. 부엔 비아헤!

스페인어 현장 TIP

탑승 수속할 때 유의점
스페인의 주요 공항인 마드리드 공항과 바르셀로나 공항은 파업으로 유명세가 있습니다. 2019년 9월에는 하루도 파업을 하지 않은 날이 없을 정도입니다. 따라서 스페인의 공항을 이용할 때는 늘 현지의 뉴스를 봐 두어야 하고, 여유를 가지고 도착해야 문제 없이 탑승 수속을 할 수 있습니다.

✛ Plus 학습

공항과 관련된 표현

- El pasasporte — 여권
- El asiento de pasillo / de ventanilla — 복도 쪽 좌석 / 창가 쪽 좌석
- La tarjeta de embarque — 탑승권
- La puerta de embarque — 탑승구
- Despegar / Aterrizar — 이륙하다 / 착륙하다

HiEnglish

2 루이스 씨가 진호 씨를 마중하러 공항에 나와 있다.

Luis: **¡Bienvenido a España, Jinho!**
비엔베니도 아 에스빠냐, 진호!

Jinho: **¡Muchas gracias por venir a recogerme, Luis!**
무차스 그라씨아쓰 뽈 베니르 아 레꼬헤르메, 루이스!

Luis: **¡De nada! ¿Es la primera vez que vienes a España?**
데 나다! 에스 라 쁘리메라 베스 께 비에네스 아 에스빠냐?

Jinho: **No, pero es la primera vez que vengo aquí por trabajo.**
노, 뻬로 에스 라 쁘리메라 베스 께 벵고 아끼 뽈 뜨라바호.

Luis: **Entonces, hablando de trabajo, nos gustaría cerrar un contrato con vosotros.**
엔똔쎄스, 아블란도 데 뜨라바호, 노스 구스따리아 쎄라르 운 꼰뜨라또 꼰 보소뜨로스.

Jinho: **A nosotros también. Muchas gracias por tu colaboración.**
아 노소뜨로스 땀비엔. 무차스 그라씨아쓰 뽈 뚜 꼴라보라씨온.

Luis: **¡No hay de qué! Es un placer.**
노 아이 데 께! 에스 운 쁠라쎄르.

✓ **Check 2**

본문 내용과 일치하면 ○표, 일치하지 않으면 ×표를 하세요.
① Jinho tiene un asiento de ventanilla. (   )
② Es la primera vez que Jinho viene a España. (   )

1 몇 개인지 물어보기

8과 가격을 물어보는 구문에서는 의문사 cuánto가 단독으로 사용되어 '얼마'라는 뜻을 가졌습니다. 그러나 '얼마의' 혹은 '몇 개의' 라는 뜻을 가진 의문형용사로 사용되어 명사를 동반할 수도 있습니다. 이 때는 개수를 물어보고 있는 대상, 즉 동반되는 명사에 성수일치하여야 합니다.

의문사(얼마의)	명사	동사 + 주어
¿Cuánto	dinero	tienes?
(너는) 얼마의 돈을 가지고 있니?		
¿Cuántos	libros	compras?
(너는) 몇 권의 책을 사니?		
¿Cuánta	gente	hay?
몇 명의 사람들이 있니?		
¿Cuántas	maletas	quiere facturar?
(당신은) 몇 개의 캐리어를 위탁하고 싶으십니까?		

✓ **Check 3**

의문형용사 cuánto를 다음의 명사의 성수에 알맞게 변형해 보세요.
① El dinero _____
② La gente _____

2 '~를 선호하다' 표현하기

「Preferir+동사원형」 구조를 사용하여 '~를 선호하다' 를 표현할 수 있습니다. Preferir 동사는 불규칙 동사이므로, 형태에 유의합니다.

(주어)	Preferir 동사	
1인칭 단수	Prefiero	
2인칭 단수	Prefieres	
3인칭 단수	Prefiere	동사원형
1인칭 복수	Preferimos	
2인칭 복수	Preferís	
3인칭 복수	Prefieren	

HiEnglish

▶▶ 본문의 대화문을 통해 연습해 봅시다.

Prefiero	llevar	esta mochila conmigo.
~를 선호하다 주어: Yo		이 배낭을 직접 소지하다

✓ **Check 4**

Preferir 동사를 다음의 주어에 알맞게 변형해 보세요.
① 주어: Yo _____
② 주어: Nosotros _____

3 '~하는 것이 ~번째다' 표현하기

「La+서수+vez」 구조를 통해 '~하는 것이 ~번째다'를 표현할 수 있습니다. '번, 회'를 뜻하는 명사 vez가 여성이므로, 형용사로서의 서수는 여성형을 사용합니다.

▶▶ 본문의 대화문을 통해 연습해 봅시다.

Es	la	서수	vez	que	절
		primera			viene a España.
		primera			vengo por trabajo.
-이다		(서수) 번 째			~하는 것이

▶▶ 스페인어의 기본 서수에 대해 알아봅시다.

두 번째	segundo(a) 쎄군도(다)	다섯 번째	quinto(a) 낀또(따)	여덟 번째	octavo(a) 옥따보(바)
세 번째	tercero(a) 떼르쎄로(라)	여섯 번째	sexto(a) 쎅쓰또(따)	아홉 번째	noveno(a) 노베노(나)
네 번째	cuarto(a) 꽈르또(따)	일곱 번째	séptimo(a) 쎕띠모(마)	열 번째	décimo(a) 데씨모(마)

✓ **Check 5**

「La+서수+vez」 구조를 사용하여 다음의 내용을 스페인어로 바꿔 보세요.
① 두 번째 _____
② 다섯 번째 _____

New Words

(el) dinero 돈   (la) gente 사람들   Hay 있다

A 다음 질문에 자유롭게 대답해 보세요.

1. ¡Hola! ¿Todavía puedo facturar mi equipaje?

2. ¿Cuántas maletas quiere facturar?

3. ¿Es la primera vez que vienes a España?

B 다음 스페인어 문장을 우리말로 바꿔 보세요.

4. ¿Me da un asiento en el pasillo?

5. Nos gustaría cerrar un contrato con vosotros.

6. Muchas gracias por tu colaboración.

C 다음은 본문의 일부입니다. 우리말을 스페인어로 바꿔 보세요.

7. 배낭은 제가 직접 소지하는 것을 선호해서요.

8. 저를 마중하러 와 주셔서 정말 감사해요.

9. 일 때문에 여기 온 것은 처음이에요.

10. 오히려 기쁜걸요.

Role-Play

 D 짝과 함께 [보기]와 같이 탑승 수속에 대한 대화를 해 보세요.

• 보기 •

Azafata: Buenos días. ¿Cómo le puedo ayudar?
승무원: 좋은 아침입니다. 어떻게 도와드릴까요?
Pasajero: Me gustaría facturar mi equipaje.
고객: 제 짐을 위탁하고 싶습니다.
Azafata: ¿Me da su pasaporte, por favor?
승무원: 여권 주시겠어요?
Pasajero: Sí. Aquí está.
고객: 네, 여기 있어요.

시험 대비

 E 다음 문장의 빈칸에 들어갈 가장 적당한 것을 하나 고르세요.

1. ¿ _____ maletas quiere facturar?

　① Cuánto　　　② Cuánta　　　③ Cuántos　　　④ Cuántas

2. ¿Es la primera vez _____ vienes a España?

　① que　　　② por　　　③ a　　　④ cuándo

Culture Tip

스페인의 대중교통

스페인의 대중교통은 크게 버스, 지하철 그리고 뜨란비아(tranvía)가 있습니다. 우리나라처럼 하나의 교통 카드로 전국이 호환되는 것은 아닙니다. 교통 카드를 사용하는 지역도 있고, 종이로 된 티켓을 사용하는 지역도 있기 때문입니다. 또한, 일정 금액을 충전해서 사용하는 것이 아니라, 특정 횟수를 이용할 수 하도록 충전하고, 할인을 조금 더 받는 방식입니다. 한 지역에서도 외곽과 시내에 적용되는 요금이 상이하고, 상이한 티켓을 구입해야 합니다. 따라서 스페인에 방문할 계획이 있다면, 지역별로 교통시스템이 어떻게 되어 있는지 확인이 필요합니다.

UNIT 10 호텔 Quisiera reservar una habitación individual.

>> 이번 과에서 배울 주요 표현을 살펴보세요.

1 호텔 예약하기

¡Hola! Quisiera reservar una habitación individual.
올라! 끼씨에라 레세르바르 우나 아비따씨온 인디비두알.
안녕하세요! 싱글 룸 하나를 예약하고 싶습니다.

2 세탁 서비스 이용하기

¿Qué tal si usa el servicio de lavandería?
께 딸 씨 우사 엘 쎄르비씨오 데 라반데리아?
세탁 서비스를 이용하는 건 어떠세요?

Me parece bien. Quisiera usarlo ahora.
메 빠레쎄 비엔. 끼씨에라 우사르로 아오라.
좋습니다. 지금 사용하고 싶어요.

단어	뜻	단어	뜻
reservar 레세르바르	예약하다 reservo, reservas, reserva reservamos, reserváis, reservan	**(el) hotel** (엘) 오뗄	호텔
(la) habitación (라) 아비따씨온	방	**(el) cuarto** (엘) 꽈르또	방
individual 인디비두알	개인적인, 독립된	**lavar** 라바르	씻다, 깨끗이 하다 lavo, lavas, lava lavamos, laváis, lavan
para 빠라	~를 위해	**qué tal** 께 딸	어떤, 어떻게 지내세요?
libre 리브레	자유로운, 비어있는	**¿Qué tal si ~?** 께 딸 씨	~하는 게 어때요?
cuál 꽐	어떤 (which)	**usar** 우사르	사용하다 uso, usas, usa usamos, usáis, usan
(el) precio (엘) 쁘레씨오	가격	**(el) servicio** (엘) 쎄르비씨오	서비스
(la) noche (라) 노체	밤	**(la) lavandería** (라) 라반데리아	세탁
(la) recepción (라) 레쎕씨온	리셉션, 프론트	**subir** 수비르	오르다 subo, subes, sube subimos, subís, suben

✓ Check 1

다음 우리말에 맞는 스페인어를 쓰세요.
① 예약하다 _____ ② 비어있는 _____
③ 가격 _____ ④ 호텔 _____
⑤ 서비스 _____ ⑥ 세탁 _____

A 대화문을 읽고 말해 보세요.

1 진호 씨가 호텔에 전화를 걸어 방을 예약한다.

Jinho: ¡Hola! Quisiera reservar una habitación individual.
올라! 끼씨에라 레세르바르 우나 아비따씨온 인디비두알.

Empleada: ¿Para qué día?
빠라 께 디아?

Jinho: Del día 6 al 13 de julio.
델 디아 쎄이스 알 뜨레쎄 데 훌리오.

Empleada: De acuerdo. Tenemos una habitación libre.
데 아꾸에르도. 떼네모스 우나 아비따씨온 리브레.

Jinho: ¡Perfecto! La reservo. ¿Cuál es el precio por noche?
뻬르펙또! 라 레세르보. 꽐 에스 엘 쁘레씨오 뽈 노체?

Empleada: Cuesta ochenta euros por noche.
꾸에스따 오첸따 에우로스 뽈 노체.

스페인어 현장 TIP

스페인의 팁 문화
스페인은 다른 서양 국가들처럼 팁 문화가 발달한 나라는 아닙니다. 규모가 큰 레스토랑에서는 서비스 가격이 총가격에 포함되기도 하고, 고객이 원한다면 팁을 조금 남겨도 되지만, 에티켓이라거나 필수적인 것은 아닙니다.

⋅¦⋅ Plus 학습

호텔과 관련된 표현

- La habitación libre / ocupada — 빈 방 / 찬 방
- La habitación individual / doble — 싱글 룸 / 더블 룸
- La recepción — 리셉션, 프론트
- (El, la) recepcionista — 리셉셔니스트, 프론트 직원
- Dejar la propina — 팁을 주다

HiEnglish

2 진호 씨가 호텔 세탁 서비스를 이용하려 한다.

Empleada: **Recepción del Hotel Estrella. ¿Dígame?**
레쎕씨온 델 오뗄 에스뜨레야. 디가메?

Jinho: **¡Buenas tardes!**
부에나스 따르데스!

¿Tienen un cuarto para lavar la ropa?
띠에넨 운 꽈르또 빠라 라바르 라 로빠?

Empleada: **No tenemos cuarto de lavandería.**
노 떼네모스 꽈르또 데 라반데리아.

¿Qué tal si usa el servicio de lavandería?
께 딸 씨 우사 엘 쎄르비씨오 데 라반데리아?

Jinho: **Me parece bien. Quisiera usarlo ahora.**
메 빠레쎄 비엔. 끼씨에라 우사를로 아오라.

Empleada: **De acuerdo. ¿En qué habitación está?**
데 아꾸에르도. 엔 께 아비따씨온 에스따?

Jinho: **En la habitación 306.**
엔 라 아비따씨온 뜨레씨엔또스 쎄이스.

Empleada: **Ahora subo a recoger su ropa.**
아오라 수보 아 레꼬헤르 수 로빠.

✓ **Check 2**

본문 내용과 일치하면 ○표, 일치하지 않으면 ×표를 하세요.
① Jinho reserva una habitación individual. (   )
② Jinho no puede usar el servicio de lavandería. (   )

어법 끝장내기

1 '~하고 싶다'의 공손한 표현 ②

7과에서 'gustar 동사'의 가정미래형을 통해 '~하고 싶습니다'의 공손한 표현을 익혔습니다. '원하다' 라는 뜻의 'Querer 동사'의 접속법 불완료과거형을 사용한 「Quisiera+동사원형」 구조를 통해서도 동일한 의미를 공손하게 전달할 수 있습니다.

▶▶ 본문의 대화문을 통해 연습해 봅시다.

	동사원형	
Quisiera ~하고 싶습니다	**reservar**	una habitación individual.
	싱글룸을 하나 예약하다	
	usarlo	ahora.
	그것을 지금 사용하다	

✓ Check 3

「Quisiera+동사원형」 구조를 사용하여 다음 우리말 문장을 스페인어로 바꿔 보세요.
① 싱글 룸 하나를 예약하고 싶습니다. _____
② 마드리드 행 티켓을 한 장 사고 싶습니다. _____

2 '~하는 것이 어떠세요?' 표현하기

「¿Qué tal+si (주어) 동사?」 구조를 사용하여 '~하는 것이 어떠세요?'라고 상대방에게 제안하는 표현을 할 수 있습니다. 'Qué tal'은 '어떻니, 어떤가요'에 해당하는 부사이고, si는 영어의 if와 동일하게 '~한다면'이라는 뜻으로 사용됩니다.

▶▶ 본문의 대화문을 통해 연습해 봅시다.

어떤가요?	~한다면	주어+동사
¿Qué tal	**si**	usa el servicio de lavandería?
(직역) 세탁 서비스를 이용한다면 어떠세요? ☞ (의역) 세탁 서비스를 이용하는 건 어떠세요?		

✓ Check 4

「¿Qué tal+si (주어) 동사?」 구조를 사용하여 다음의 내용을 제안해 보세요.
① Tomar un café (주어: Nosotros) _____
② Usar el servicio de lavandería (주어: Usted) _____

3 제안에 대한 의견 표현하기

5과에서 'parecer 동사'는 '~처럼 보인다'라는 뜻으로 사용됨을 익혔습니다. 이 'parecer 동사'를 포함한 「간접목적격대명사+parecer 동사+형용사/부사」 구조를 사용하면 '(간접목적격대명사)에게는 (형용사)하게 보인다', 즉 '간접목적격대명사'에게 제안이 어떻게 받아들여지는지를 표현할 수 있습니다. 이 구조에서 주어는 '제안'이 되고, 'parecer 동사'의 '간접목적격대명사'는 의견을 피력하는 주체가 됩니다. 즉, 'gustar 동사'처럼 역구조로 해석하면 자연스럽습니다.

'간접목적격대명사'에게		parecer 동사	'형용사/부사' 처럼
나에게	Me		perfecto. 완벽한
너에게	Te		genial. 훌륭한
그에게	Le	parece ~처럼 보인다	muy bien. 아주 좋게
우리에게	Nos		bien. 좋게
너희에게	Os		mal. 나쁘게
그들에게	Les		muy mal. 아주 나쁘게

(직역) (간접목적격대명사)에게 (형용사)처럼 보인다. ☞ (의역) (간접목적격대명사)는 (형용사)라고 생각한다.

▶▶ 본문의 대화문을 통해 연습해 봅시다.

Me	parece	bien.
나에게	~처럼 보인다	좋게

(직역) 나에게 좋게 보인다 ☞ (의역) 나는 좋다고 생각한다.

✓ **Check 5**

「간접목적격대명사+parecer 동사+형용사/부사」 구조를 사용하여 다음 우리말 문장을 스페인어로 바꿔 보세요.

① 저는 훌륭하다고 생각해요. _____
② 너는 좋다고 생각하니? _____

New Words

descansar 쉬다, 휴식하다   mal 나쁜, 나쁘게

끝장 마무리

A 다음 질문에 자유롭게 대답해 보세요.

1. ¿Para qué día quiere reservar la habitación?

2. ¿Tienen un cuarto para lavar la ropa?

3. ¿En qué habitación está?

B 다음 스페인어 문장을 우리말로 바꿔 보세요.

4. ¿Cuál es el precio por noche?

5. Quisiera usarlo ahora.

6. Ahora subo a recoger su ropa.

C 다음은 본문의 일부입니다. 우리말을 스페인어로 바꿔 보세요.

7. 싱글룸을 하나 예약하고 싶습니다.

8. 빈 방이 하나 있네요.

9. 세탁 서비스를 이용하는 건 어떠세요?

10. 좋습니다. (저는 좋다고 생각합니다.)

HiEnglish

Role-Play

D 짝과 함께 [보기]와 같이 호텔 룸을 예약하는 대화를 해 보세요.

• 보기 •

Empleada: ¡Buenos días! ¿En qué puedo ayudarle?
직원: 좋은 아침입니다. 무엇을 도와드릴까요?
Cliente: Quisiera reservar una habitación individual con baño.
고객: 화장실이 있는 싱글 룸을 하나 예약하고 싶습니다.
Empleada: ¿Para qué día?
직원: 언제로 예약하시나요?
Cliente: Del día 14 al 19 de diciembre.
고객: 12월 14일부터 19일까지요.

시험 대비

E 다음 문장의 빈칸에 들어갈 가장 적당한 것을 하나 고르세요.

1. Quisiera _____ una habitación individual.

   ① reservo   ② reserva   ③ reservar   ④ reservamos

2. ¿ _____ si usa el servicio de lavandería?

   ① Cómo   ② Qué   ③ Dónde   ④ Qué tal

Culture Tip

스페인의 샤워 시설 사용 방법

스페인의 화장실에는 바닥에 배수구가 없고, 오직 샤워 부스 안에서만 물이 빠질 수 있게 되어 있습니다. 따라서 세면대에서 세수를 하거나, 욕조에서 샤워를 할 때 물이 화장실 바닥으로 떨어지지 않게 해야 합니다.

이는 호텔에서도 마찬가지인데요, 스페인 호텔에 샤워 부스가 있다면 반드시 문을 꼭 닫고 이용해야, 화장실 바닥으로 물이 새는 것을 막을 수 있습니다. 떨어진 물은 마른 걸레로 스스로 닦아서 늘 건조한 상태를 유지해야 합니다.

UNIT 11 약속 ¿Cuándo te va bien?

>> 이번 과에서 배울 주요 표현을 살펴보세요.

1 약속 날짜 잡기

¿Cuándo te va bien?
꾄도 떼 바 비엔?
언제가 괜찮으세요?

¿Qué tal el próximo lunes por la mañana?
께 딸 엘 쁘록씨모 루네스 뽈 라 마냐나?
다음 주 월요일 오전에 어떠세요?

2 약속 변경하기

¿Podemos cambiar la hora de la cita?
뽀데모스 깜비아르 라 오라 데 라 씨따?
약속 시간을 변경할 수 있을까요?

단어 끝장내기

단어	뜻	단어	뜻
(la) reunión (라) 레우니온	회의	**opinar** 오삐나르	생각하다, 의견을 내다 opino, opinas, opina opinamos, opináis, opinan
contigo 꼰띠고	너와 함께	**sobre** 쏘브레	~에 대하여, 관하여
ir bien 이르 비엔	잘 되다, 괜찮다	**(el) tema** (엘) 떼마	주제
(el) lunes (엘) 루네스	월요일	**resumir** 레수미르	요약하다 resumo, resumes, resume resumimos, resumís, resumen
cada 까다	매, 각	**(el) punto** (엘) 뿐또	점, 포인트
(el) martes (엘) 마르떼스	화요일	**principal** 쁘린씨빨	주요한
(la) sala (라) 쌀라	장, 장소	**(el) asunto** (엘) 아쑨또	사건, 일
compartir 꼼빠르띠르	나누다, 공유하다 comparto, compartes, comparte compartimos, compartís, comparten	**urgente** 우르헨떼	급한
añadir 아냐디르	더하다 añado, añades, añade añadimos, añadís, añaden	**(la) cita** (라) 씨따	약속
(la) cosa (라) 꼬싸	것, 가지	**Por mí** 뽈 미	저로서는

✓ Check 1

다음 우리말에 맞는 스페인어를 쓰세요.
① 회의 _____   ② 장, 장소 _____
③ 것, 가지 _____   ④ 의견을 내다 _____
⑤ 사건, 일 _____   ⑥ 급한 _____

회화 끝장내기

 A 대화문을 읽고 말해 보세요.

1 진호 씨와 마리아 씨가 회의 날짜를 잡는다.

Jinho: **María, me gustaría tener una reunión con tu empresa.**
마리아, 메 구스따리아 떼네르 우나 레우니온 꼰 뚜 엠쁘레싸.

María: **Me parece una buena idea. ¿Cuándo te va bien?**
메 빠레쎄 우나 부에나 이데아. 꽌도 떼 바 비엔?

Jinho: **¿Qué tal el próximo lunes por la mañana?**
께 딸 엘 쁘록씨모 루네스 뽈 라 마냐나?

María: **Tenemos una reunión de trabajo cada lunes. ¿Y el martes por la mañana?**
떼네모스 우나 레우니온 데 뜨라바호 까다 루네스. 이 엘 마르떼스 뽈 라 마냐나?

Jinho: **Me va bien el martes, también.**
메 바 비엔 엘 마르떼스, 땀비엔.

María: **Entonces, te espero a las nueve en la sala de reuniones.**
엔똔쎄스, 떼 에스뻬로 아 라스 누에베 엔 라 쌀라 데 레우니오네스.

-¦- **Plus 학습**

회의와 관련된 주요 표현

- Compartir una idea 의견을 공유하다.
- Añadir una cosa 한 가지 더하다.
- Opinar sobre el tema 주제에 관한 의견을 내다.
- Resumir los puntos principales 주요 포인트를 요약하다.

2 마리아 씨가 약속 시간을 변경한다.

María: **Jinho, te llamo por la reunión del martes.**
진호, 떼 야모 뽈 라 레우니온 델 마르떼스.

Jinho: **¡Hola, María! ¿Hay algún problema?**
올라, 마리아! 아이 알군 쁘로블레마?

María: **Sí, mi jefe tiene un asunto urgente.**
씨, 미 헤뻬 띠에네 운 아순또 우르헨떼.

¿Podemos cambiar la hora de la cita?
뽀데모스 깜비아르 라 오라 데 라 씨따?

Jinho: **Sí, claro. ¿A qué hora te va bien?**
씨, 끌라로. 아 께 오라 떼 바 비엔?

María: **¿Qué tal a las dos de la tarde?**
께 딸 아 라스 도스 데 라 따르데?

Jinho: **Por mí, está bien. Nos vemos el martes por la tarde.**
뽈 미, 에스따 비엔. 노스 베모스 엘 마르떼스 뽈 라 따르데.

María: **¡Gracias! ¡Hasta pronto!**
그라씨아쓰! 아스따 쁘론또!

스페인어 현장 TIP

스페인에서 일하기 좋은 회사 10위, LG 전자
2019년 스페인의 Great Place to Work에서 진행한 설문조사에 따르면, 수많은 기업들 중에서 우리나라의 LG전자가 스페인에서 가장 일하기 좋은 회사 (직원 500명 이하 부문) 10위에 올랐다고 합니다.

✓ **Check 2**

본문 내용과 일치하면 ○표, 일치하지 않으면 ×표를 하세요.
① Jinho tiene una reunión de trabajo cada lunes. (   )
② Al final, María y Jinho van a reunirse el martes por la tarde. (   )

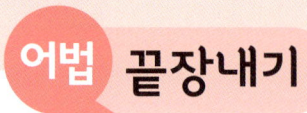

1 용이한 시간 묻고 답하기

'Ir 동사'에는 '가다'라는 뜻도 있지만, 'ir bien'은 '~에게 용이하다'라는 뜻으로도 사용됩니다. 「간접목적격대명사+ir bien」 구조를 통해 용이한 시간이나 장소를 묻고 답할 수 있습니다. 이 때 'ir bien'의 주어는 시간 혹은 장소이기 때문에 3인칭 단수형으로 변형합니다.

질문하기 ≫ '의문사'가 '간접목적격대명사'에게 용이한가요?

의문사	'간접목적격대명사'에게	Ir bien
¿Cuándo 언제가 ¿A qué hora 몇 시가 ¿Dónde 어디가	te 너에게 le 그, 그녀, 당신에게 os 너희에게 les 그들, 그녀들, 당신들에게	va bien? 용이한가요?

대답하기 ≫ '주어'가 '간접목적격대명사'에게 용이합니다.

'간접목적격대명사'에게	ir bien	'주어'가
Me 나에게 Nos 우리에게	va bien 용이합니다.	el lunes. 월요일이 el martes. 화요일이

≫ 본문의 대화문을 통해 연습해 봅시다.

¿Cuándo	te	va bien?
언제가	너에게	용이하니?
언제가 괜찮으세요?		

Me	va bien	el martes también.
나에게	용이하다	화요일도
저는 화요일도 괜찮습니다.		

✓ **Check 3**

「간접목적격대명사+ir bien」 구조를 사용하여 다음 우리말 문장을 스페인어로 바꿔 보세요.
① 저는 월요일이 괜찮습니다. _____
② 너는 월요일이 괜찮니? _____

HiEnglish

2 요일과 시간

'(~요일)에'라는 부사를 표현하기 위해서는 전치사를 사용하지 않고, 정관사 **el**만을 사용합니다. 요일 뒤에서 오전/오후/밤을 표시하기 위해서는 전치사 **por**을 사용합니다.

일요일	**el domingo**	월요일	**el lunes**	화요일	**el miércoles**
수요일	**el miércoles**	목요일	**el jueves**	금요일	**el viernes**
토요일	**el sábado**	새벽에	**por la madrugada**	오전에	**por la mañana**
오후에	**por la tarde**	밤에	**por la noche**		

▶▶ 본문의 대화문을 통해 연습해 봅시다.

Nos vemos	**el martes**	**por la tarde.**
뵈어요.	화요일	오후에

✓ Check 4

다음 요일을 스페인어로 바꿔 보세요.
① 월요일 오전에 _____
② 화요일 오후에 _____

3 구체적인 시간 표현

「전치사 **a**+여성정관사+숫자」 구조를 통하여 '~시에'를 표현할 수 있습니다. 시간 뒤에서 오전/오후/밤을 표시하기 위해서는 전치사 **de**를 사용합니다.

A -에	la	una	de la mañana
	las	dos, tres, cuatro...	de la tarde
			de la noche

✓ Check 5

다음 시간을 스페인어로 바꿔 보세요.
① 오전 8시에 _____
② 오후 4시에 _____

New Words

(la) madrugada 새벽   (la) noche 밤

끝장 마무리

A 다음 질문에 자유롭게 대답해 보세요.

1. ¿Cuándo te va bien? _____

2. ¿Hay algún problema? _____

3. ¿A qué hora te va bien? _____

B 다음 스페인어 문장을 우리말로 바꿔 보세요.

4. Me parece buena idea.
   _____

5. Te llamo por la reunión del martes.
   _____

6. Por mí está bien.
   _____

C 다음은 본문의 일부입니다. 우리말을 스페인어로 바꿔 보세요.

7. 저는 화요일도 괜찮습니다.
   _____

8. 약속시간을 변경할 수 있을까요?
   _____

9. 저로서는 괜찮습니다.
   _____

10. 화요일 오후에 뵈어요.
    _____

Role-Play

D 짝과 함께 [보기]와 같이 약속 시간을 정하는 대화를 해 보세요.

• 보기 •

A: ¿Cuándo te va bien?
   언제가 좋으세요?
B: ¿Qué tal el lunes por la mañana?
   다음 주 월요일 오전은 어떠세요?
A: Entonces nos vemos a las nueve en la sala de reuniones.
   그럼 9시에 회의실에서 뵙겠습니다.

시험 대비

E 다음 문장의 빈칸에 들어갈 가장 적당한 것을 하나 고르세요.

1. ¿Cuándo te _____ bien para la reunión?

   ① ir   ② va   ③ vas   ④ voy

2. Nos vemos el martes _____ la tarde.

   ① a   ② en   ③ por   ④ de

Culture Tip

스페인 친구와의 약속 시간

약속 시각을 철저히 지키는 우리나라와는 달리, 스페인 사람들은 약속 시각에 조금 늦게 도착하는 것에 대해 관대합니다. 모두 당연히 늦을 수 있고, 늦더라도 괜찮다고 생각합니다. 스페인 사람들은 약속 시각이 지났는데 친구가 오지 않는다면, 10분, 20분 정도는 근처 카페에서 커피를 마시거나, 신문을 읽거나, 책을 읽으면서 기다립니다. 약속 시각은 지키면 좋은 것이지, 반드시 지켜야만 하는 엄격한 규칙이 아니라고 생각합니다.

UNIT 12 길 찾기 ¿Cómo puedo ir al Museo del Prado?

>> 이번 과에서 배울 주요 표현을 살펴보세요.

1 길 묻고 답하기

¿Cómo puedo ir al Museo del Prado?
꼬모   뿌에도   이르 알   무쎄오   델   쁘라도?
프라도 미술관에 어떻게 가나요?

2 시간이 얼마나 걸리는지 묻고 답하기

¿Cuánto tiempo tardo en llegar?
꽌또   띠엠뽀   따르도 엔 예가르?
도착하는 데 얼마나 걸리나요?

Vas a tardar solo diez minutos.
바스 아 따르다르 쏠로 디에스   미누또스
당신은 10분밖에 안 걸릴 거예요.

단어 끝장내기

단어	뜻	단어	뜻
(la) pregunta (라) 쁘레군따	질문	**(el) semáforo** (엘) 쎄마뽀로	신호등
Dime. 디메.	말씀하세요. (주어: tú)	**(el) puente** (엘) 뿌엔떼	다리, 교량, 대교
(el) museo (엘) 무쎄오	박물관, 미술관	**(el) final** (엘) 삐날	마지막, 끝
seguir 쎄기르	계속하다, 계속 가다 sigo, sigues, sigue seguimos, seguís, siguen	**(la) calle** (라) 까예	길, 거리
recto 렉또	똑바로	**(la) dirección** (라) 디렉씨온	주소, 방향
girar 히라르	돌다 giro, giras, gira giramos, giráis, giran	**(la) farmacia** (라) 빠르마씨아	약국
izquierdo(a) 이쓰끼에르도(다)	왼쪽의	**cerca de ~** 쎄르까 데 ~	~가까이에
(la) izquierda (라) 이쓰끼에르다	왼쪽	**(la) universidad** (라) 우니베르시닫	대학교
siguiente 씨기엔떼	다음의	**autónomo(a)** 아우또노모(마)	자치의
(el) cruce (엘) 끄루쎄	사거리	**derecho(a)** 데레초(차)	오른쪽의
Pasarlo bien. 빠싸르로 비엔.	좋은 시간을 보내다.	**(la) derecha** (라) 데레차	오른쪽
cruzar 끄루싸르	건너다 cruzo, cruzas, cruza cruzamos, cruzáis, cruzan	**tardar** 따르다르	(시간이) 걸리다 tardo, tardas, tarda tardamos, tardáis, tardan

✓ Check 1

다음 우리말에 맞는 스페인어를 쓰세요.

① 박물관 _____ ② 계속하다, 계속 가다 _____

③ 건너다 _____ ④ 신호등 _____

⑤ 약국 _____ ⑥ (시간이) 걸리다 _____

A 대화문을 읽고 말해 보세요.

1 진호 씨가 까를라 씨에게 길을 묻는다.

Jinho: **Carla, ¿puedo hacerte una pregunta?**
까를라, 뿌에도 아쎄르떼 우나 쁘레군따?

Carla: **Sí, claro. Dime.**
씨, 끌라로. 디메.

Jinho: **¿Cómo puedo ir al Museo del Prado?**
꼬모 뿌에도 이르 알 무쎄오 델 쁘라도?

Carla: **Primero, tienes que seguir todo recto.**
쁘리메로, 띠에네스 께 쎄기르 또도 렉또.

Luego, tienes que girar a la izquierda en el cruce.
루에고, 띠에네스 께 히라르 아 라 이쓰끼에르다 엔 엘 끄루쎄.

Jinho: **¡Muchas gracias!**
무차스 그라씨아쓰!

Carla: **¡De nada! ¡Pásalo bien!**
데 나다! 빠쌀로 비엔!

> **스페인어 현장 TIP**
>
> **마드리드의 3대 유명 미술관**
> 마드리드 Atocha(아또차) 역 근처에는 유명 미술관이 3개 있습니다. 프라도 미술관, 국립 소피아 왕비 예술센터 (레이나 소피아 미술관), 그리고 티센–보르네미사 박물관입니다. 모두 걸어서 이동 가능하니, 마드리드 여행 시 일정으로 방문하기 좋은 곳입니다.

⊹ Plus 학습

길 안내와 관련된 표현

- Cruzar el semáforo   신호등을 건너다.
- Cruzar el puente   다리를 건너다.
- Hasta el final de la calle   길의 끝까지
- Ir en dirección a ~   ~ 방향으로 가다.

HiEnglish

2 진호 씨가 까를라 씨에게 약국 위치를 물어본다.

Jinho: **Carla, ¿hay una farmacia por aquí?**
까를라, 아이 우나 빠르마씨아 뽈 아끼?

Carla: **Sí, hay una cerca de la Universidad Autónoma de**
씨, 아이 우나 쎄르까 데 라 우니베르시닫 아우또노마 데

Madrid.
마드릳.

Jinho: **¿Cómo puedo ir allí?**
꼬모 뿌에도 이르 아이?

Carla: **Tienes que girar a la derecha en el primer cruce.**
띠에네스 께 히라르 아 라 데레차 엔 엘 쁘리메르 끄루쎄.

Jinho: **¿Cuánto tiempo tardo en llegar?**
꽌또 띠엠뽀 따르도 엔 예가르?

Carla: **Vas a tardar solo diez minutos.**
바스 아 따르다르 쏠로 디에스 미누또스.

Jinho: **¡Muchas gracias!**
무차스 그라씨아쓰!

✓ **Check 2**

본문 내용과 일치하면 ○표, 일치하지 않으면 ×표를 하세요.
① Jinho ya sabe cómo ir al Museo del Prado. (   )
② La farmacia está lejos de la Universidad Autónoma de Madrid. (   )

어법 끝장내기

1 길 묻고 답하기

질문하기 ▶▶ 제가 어떻게 '목적지'에 갈 수 있나요?

의문사	동사		'목적지'에
¿Cómo 어떻게	puedo ~있나요 (주어: Yo)	ir 가다	a**l** Museo del Prado? 프라도 미술관에
			allí? 거기에

대답하기 ▶▶ 당신은 ~하셔야 합니다.

Tienes que ~야 한다 (주어: Tú)	seguir todo recto. 쭉 직진하다.
	girar a la izquierda. 왼쪽으로 돌다.
	girar a la derecha. 오른쪽으로 돌다.

✓ **Check 3**

다음 우리말 문장을 스페인어로 바꿔 보세요.
① 쭉 직진하다. _____
② 왼쪽으로 돌다. _____

2 위치 표현하기

위치를 표현할 때는 'estar 동사'를 사용합니다.

주어	'estar 동사'	위치표현	기준명사
A A는	está 있다	cerca de 가까이에	B B로부터
		lejos de 멀리에	
		a la izquierda de 왼쪽에	
		a la derecha de 오른쪽에	
		en el centro de 중앙에	
		alrededor de 주변에	

A는 B로부터 ~있다.

여기	aquí
거기	ahí
저기	allí

HiEnglish

✓ **Check 4**

다음 우리말 문장을 스페인어로 바꿔 보세요.
① A는 B 가까이에 있다. _____
② A는 B 오른쪽에 있다. _____

3 '(시간)이 걸리다' 표현하기

「tardar 동사+시간+en llegar a 목적지」 구조를 통해 '(주어)가 (목적지)에 도착하는 데 (시간)이 걸리다'를 표현할 수 있습니다.

(주어)	'tardar 동사'	시간	도착하는 데	'목적지'에
1인칭 단수	**Tardo**			
2인칭 단수	**Tardas**			
3인칭 단수	**Tarda**	**diez minutos** 10분	**en llegar**	**al Museo del Prado.** 프라도 미술관에
1인칭 복수	**Tardamos**			
2인칭 복수	**Tardáis**			
3인칭 복수	**Tardan**			

(주어)는 (목적지)에 도착하는 데 (시간)이 걸린다.

▶▶ 본문의 대화문을 통해 연습해 봅시다.

¿Cuánto	**tardo**	**en llegar**?
얼마나	걸리나요? (주어: Yo)	도착하는 데

Vas a	**tardar**	**solo diez minutos.**
~할 것이다 (주어: tú)	걸리다	10분만

당신은 10분 밖에 안 걸릴 거예요.

추가 유용한 표현
☞ 걸어서: **a pie**
☞ 버스로: **en autobús**
☞ 지하철로: **en metro**

✓ **Check 5**

다음 내용을 괄호 안의 주어에 알맞게 스페인어로 바꿔 보세요.
① 10분 걸려요. (주어: yo) _____
② 걸어서 15분 걸려요. (주어: tú) _____

New Words

(el) centro 중심, 센터   alrededor 주변의   (el) autobús 버스   (el) metro 지하철

UNIT 12 길 찾기 ¿Cómo puedo ir al Museo del Prado?

끝장 마무리

A 다음 질문에 자유롭게 대답해 보세요.

1. ¿Puedo hacerte una pregunta?

2. ¿Hay una farmacia por aquí?

3. ¿Cuánto tardo en llegar?

B 다음 스페인어 문장을 우리말로 바꿔 보세요.

4. Dime.

5. ¡Pásalo bien!

6. Hay una cerca de la Universidad Autónoma de Madrid.

C 다음은 본문의 일부입니다. 우리말을 스페인어로 바꿔 보세요.

7. 프라도 미술관에 어떻게 가나요?

8. 먼저, 쭉 직진하셔야 해요.

9. 첫 번째 사거리에서 오른쪽으로 도셔야 해요.

10. 당신은 10분 밖에 안 걸릴 거예요.

HiEnglish

Role-Play

D 짝과 함께 [보기]와 같이 길을 묻고 답하는 대화를 해 보세요.

• 보기 •

A: ¿Cómo puedo ir a la Estación de Atocha?
아또차 역에 어떻게 가나요?
B: Primero, tienes que girar a la derecha en el siguiente cruce. 먼저, 다음 사거리에서 오른쪽으로 도셔야 해요.
Luego, tienes que tomar el autobús número 135.
그러고 나서, 135번 버스를 타셔야 해요.

시험 대비

E 다음 문장의 빈칸에 들어갈 가장 적당한 것을 하나 고르세요.

1. ¿ _____ puedo llegar al Museo del Prado?

　① Cómo　　② Quién　　③ Cuánto　　④ Qué tal

2. Tienes que girar _____ derecha en el primer cruce.

　① la　　② en　　③ a la　　④ al

Culture Tip

¿Ahí? ¿Allí?
거기? 저기?

스페인어의 '거기'와 '저기'의 개념은 우리말과 다릅니다. 우리말에서 '거기'는 '말하는 사람에게서는 멀지만, 청자와는 가까운 곳'을 칭하고, '저기'는 '말하는 사람과 청자 모두에게서 먼 곳'을 지칭합니다. 즉 우리말의 기준은 '사람'입니다. 그러나 스페인어에서의 기준은 '거리'입니다. '거기'는 '청자'와 관련 있는 것보다, 오히려 '조금 떨어진 거리'를, '저기'는 '보다 멀리 떨어진 곳'을 지칭합니다. 따라서 우리말로 "거기 어떻게 가나요?"를 스페인어로는 "저기 어떻게 가나요?"로 표현하여 "¿Cómo puedo ir allí?"라 해야 하는 것입니다.

UNIT 13 회의 ¿Cuál es la cantidad mínima para un pedido?

>> 이번 과에서 배울 주요 표현을 살펴보세요.

1 회의 시작하기

¿Ya podemos empezar la reunión?
야 뽀데모스 엠뻬싸르 라 레우니온?
이제 회의를 시작해도 될까요?

Sí, la empezamos ahora. Estamos preparados.
씨, 라 엠뻬싸모스 아오라. 에스따모스 쁘레빠라도스.
네, 지금 시작합시다. 저희는 준비되었습니다.

2 주문 최소 수량 물어보기

¿Cuál es la cantidad mínima para un pedido?
꽐 에스 라 깐띠닷 미니마 빠라 운 뻬디도?
주문 최소 수량은 어느 정도인가요?

단어	뜻	단어	뜻
empezar 엠뻬싸르	시작하다 empiezo, empiezas, empieza empezamos, empezáis, empiezan	**mínimo(a)** 미니모(마)	최소의
preparado(a) 쁘레빠라도	준비된	**como mínimo** 꼬모 미니모	최소한
(el) catálogo (엘) 까딸로고	카탈로그	**aceptar** 아쎕따르	허용하다, 받다 acepto, aceptas, acepta aceptamos, aceptáis, aceptan
(el) producto (엘) 쁘로둑또	제품, 물품	**(el) pedido** (엘) 뻬디도	주문, 주문서
repartir 레빠르띠르	나눠주다, 분배하다 reparto, repartes, reparte repartimos, repartís, reparten	**(la) unidad** (라) 우니닷	단위, 개
(la) presentación (라) 쁘레쎈따씨온	발표, 프레젠테이션	**En ese caso** 엔 에쎄 까쏘	그 경우에는
durar 두라르	지속되다, 시간이 걸리다 duro, duras, dura duramos, duráis, duran	**No te preocupes.** 노 떼 쁘레오꾸뻬스.	걱정하지 마세요.
unos(as) 우노스(나스)	약, 대략	**(el) descuento** (엘) 데스꾸엔또	할인, 세일
(la) cantidad (라) 깐띠닷	양(量)	**firmar** 삐르마르	서명하다 firmo, firmas, firma firmamos, firmáis, firman

✓ Check 1

다음 우리말에 맞는 스페인어를 쓰세요.
① 시작하다 _____   ② 제품 _____
③ 발표, 프레젠테이션 _____   ④ 양 _____
⑤ 최소한 _____   ⑥ 주문, 주문서 _____

A 대화문을 읽고 말해 보세요.

1 진호 씨가 마리아 씨의 동료들과 회의를 시작한다.

Jinho: **¿Ya podemos empezar la reunión?**
야 뽀데모스 엠뻬싸르 라 레우니온?

María: **Sí, la empezamos ahora. Estamos preparados.**
씨, 라 엠뻬싸모스 아오라. 에스따모스 쁘레빠라도스.

Jinho: **De acuerdo. Primero, encantado de conoceros.**
데 아꾸에르도. 쁘리메로, 엔깐따도 데 꼬노쎄로스.

Aquí están los catálogos sobre nuestro nuevo producto.
아끼 에스딴 로스 까딸로고스 쏘브레 누에스뜨로 누에보 쁘로둑또.

María: **Los reparto yo. ¿Uno para cada uno?**
로스 레빠르또 요. 우노 빠라 까다 우노?

Jinho: **Sí, por favor.**
씨, 뽀르 빠보르.

Mi presentación va a durar unos diez minutos.
미 쁘레센따씨온 바 아 두라르 우노스 디에스 미누또스.

María: **Muy bien. Adelante, Jinho.**
무이 비엔. 아델란떼, 진호.

⁺ **Plus 학습**

회의 자료와 관련된 어휘
- (El) material — 일반적 자료
- (El) catálogo — 카탈로그
- (El) documento — 서류
- (El) resumen — 요약본

HiEnglish

2 마리아 씨가 진호 씨에게 주문 최소 수량을 물어본다.

María: **Nos gusta mucho este nuevo producto para el verano. ¿Cuál es la cantidad mínima para un pedido?**

Jinho: **Aceptamos pedidos de cien unidades, como mínimo.**

María: **En ese caso, el precio me parece un poco caro.**

Jinho: **No te preocupes. Podemos hacer un descuento del 5% solo para vosotros.**

María: **¡Genial! Entonces, vamos a firmar el contrato.**

스페인어 현장 TIP

스페인의 직원 평가 척도

스페인의 기업에서는, 인간 관계가 활발하고, 사교 모임에 적극적으로 참여하고, 사회적인 사람을 긍정적으로 평가합니다. 왜냐하면 그들은 개인적인 업무 능력도 중요하지만, 팀을 구성하여 일할 수 있는 능력을 아주 중요하게 생각하기 때문입니다.

✓ **Check 2**

본문 내용과 일치하면 ○표, 일치하지 않으면 ×표를 하세요.
① María hace la presentación sobre su nuevo producto. (   )
② La empresa de Jinho hace un descuento para la empresa de María. (   )

1 직접목적격대명사

직접목적격대명사란 '직접목적어(~를)' 대신 사용할 수 있는 대명사입니다. 지칭하는 목적어로서의 명사의 인칭과 수에 따라 형태를 다르게 합니다. 직접목적격대명사의 위치는, 변형된 동사 앞에 두거나, 동사원형이 등장할 경우 그 바로 뒤에 붙입니다.

		단수	복수
1인칭		me	nos
2인칭		te	os
3인칭	남성	lo	los
	여성	la	las

▶▶ 본문의 대화문을 통해 연습해 봅시다.

La	**empezamos ahora**
회의(La reunión)를	지금 시작합시다. (주어: nosotros)

Encantado de	**conoceros.**
기쁘다.	너희들(vosotros)을 알게 되어

Los	**reparto yo.**
카탈로그(los catálogos)를	제가 나눠줄게요.

✓ **Check 3**

다음의 주격인칭대명사에 해당하는 직접목적격대명사를 적어 보세요.
① Yo → 나를 _____
② Tú → 너를 _____

2 '~당 ~개씩' 표현하기

「개수+para cada+명수」 구조를 사용하여 '각 (명수) 당 (개수)씩'을 표현할 수 있습니다. 이 때 개수와 명수가 1(uno(a))일 경우에는 지칭하는 대상의 성에 따라 형태를 변형해야 합니다.

	개수			명수	
전달되는 대상이 남성명사 일 때	Uno	para	cada	uno	받는 대상이 남성일 때
전달되는 대상이 여성명사일 때	Una			una	받는 대상이 여성일 대
	각 (명수) 당 (개수) 씩				

>> 본문의 대화문을 통해 연습해 봅시다.

> Jinho: Aquí están **los catálogos** sobre nuestro nuevo producto.
> María: Los reparto yo. ¿**Uno para cada uno**?
>   ↓   ↓
>   un catálogo   un participante(참여자)
>   (전달되는 대상: 남성명사) (받는 대상: 일반 사람 –남성 취급)

✓ **Check 4**

다음 대상을 전달하고자 합니다. '한 사람(남성) 당 한 개'를 표현해 보세요.
① El libro _____
② El regalo _____

3. 최소/최대값 물어보기

「Cuál es+정관사+기준+mínimo(a)/máximo(a)+para~」 구조를 사용하여 최소/최대값이 무엇인지를 물어볼 수 있습니다. 이 때 mínimo(a)/ máximo(a)는 형용사이므로 기준이 되는 명사의 성에 일치하여야 합니다.

¿Cuál es 어느 정도 입니까?	la cantidad mínima 최소 수량	para 위한	un pedido? 주문
	el nivel mínimo 최소 수준		entrar en esta universidad? 이 대학교에 입학하기
	la edad míxima 최대 나이		trabajar en una empresa? 회사에서 일하기

✓ **Check 5**

다음 우리말 문장을 스페인어로 바꿔 보세요.
① 최소 수량 _____
② 최대 레벨 _____

New Words

(el) nivel 수준, 레벨   entrar 들어가다   (la) edad 나이

끝장 마무리

A 다음 질문에 자유롭게 대답해 보세요.

1. ¿Ya podemos empezar la reunión?
   _____

2. ¿Cuál es la cantidad mínima para un pedido?
   _____

3. El precio me parece un poco caro.
   _____

B 다음 스페인어 문장을 우리말로 바꿔 보세요.

4. Aquí están los catálogos sobre nuestro nuevo producto.
   _____

5. Adelante, Jinho.
   _____

6. Aceptamos pedidos de cien unidades, como mínimo.
   _____

C 다음은 본문의 일부입니다. 우리말을 스페인어로 바꿔 보세요.

7. 제가 그것들(브로셔들)을 나눠줄게요.   _____

8. 한 사람 당 하나씩 인가요?   _____

9. 걱정 마세요.   _____

10. 그럼 계약서에 서명합시다.   _____

Role-Play

D [보기]와 같이 상대방에게 여름 신제품을 소개해 보세요.

• 보기 •

¡Buenos días! 좋은 아침입니다!
Aquí tienes el catálogo sobre nuestro nuevo producto para el verano.
여기 저희 여름 신제품 관련 카탈로그를 드리겠습니다.
Este producto es para enfriar el ordenador portátil de manera fácil y cómoda.
이 제품은 쉽고 편리한 방식으로 노트북을 차갑게 만들어줍니다.
Solo aceptamos pedidos de cien unidades, como mínimo. 저희는 최소 100개 이상의 주문만을 받습니다.

시험 대비

E 다음 문장의 빈칸에 들어갈 가장 적당한 것을 하나 고르세요.

1. ¿Cuál es la cantidad _____ para un pedido?

   ① mínimo   ② máximo   ③ mínima   ④ mucha

2. Aquí están los catálogos sobre nuestro nuevo producto. _____ reparto yo.

   ① Los   ② Las   ③ Lo   ④ La

Culture Tip

Generación de Nini
니니세대

2018년 말, 스페인의 청년 실업률은 14.6%라 공식 발표되었습니다. 2013년 27%에 육박했던 것에 비하면 많이 감소하였으나, 스페인은 유럽 내에서 그리스와 더불어 가장 실업률이 높은 국가로 꼽힙니다. 이러한 현실을 잘 표현해주는 신조어로, '니니세대'라는 말이 있습니다. '니니세대'란 공부도 하지 않고, 일도 하지 않는 (Ni estudian, ni trabajan) 세대를 뜻합니다. 대학을 졸업하였으나 높은 실업률로 일을 시작하지도 못한 젊은 청년들을 일컬으며, 안타까운 현실을 잘 보여주고 있습니다.

UNIT 14 여행 ¿Me recomiendas alguna ciudad para viajar?

>> 이번 과에서 배울 주요 표현을 살펴보세요.

1 여행할 도시 추천 받기

¿Quieres hacer algo en especial?
끼에레스   아쎄르   알고   엔   에스뻬씨알?
특별히 무얼 하고 싶나요?

Estoy pensando en ver monumentos famosos.
에스또이   뻰싼도   엔   베르   모누멘또스   빠모소스.
저는 유명한 기념물을 볼 생각을 하고 있어요.

2 투어 예약하기

Bien pensado.
비엔   뻰싸도.
Tenemos una promoción para esos días.
떼네모스   우나   쁘로모씨온   빠라   에쏘스   디아스.
잘 생각하셨어요. 그 날들에는 프로모션이 있습니다.

단어	뜻	단어	뜻
recomendar 레꼬멘다르	추천하다 recomiendo, recomiendas, recomienda recomendamos, recomendáis, recomiendan	**Efectivamente.** 에뻭띠바멘떼.	실제로 그렇습니다.
(la) ciudad (라) 씨우닫	도시	**(la) razón** (라) 라쏜	이유, 이성
algo 알고	무언가	**(la) visita** (라) 비시따	방문
En especial 엔 에스뻬씨알	특별히	**guiado(a)** 기아도(다)	가이드가 있는
pensar en ~ 뻰싸르 엔 ~	~를 생각하다 pienso, piensas, piensa pensamos, pensáis, piensan	**todos los días** 또도스 로스 디아스	매일매일
(el) monumento (엘) 모누멘또	기념비, 기념물	**Bien pensado.** 비엔 뻰사도.	잘 생각하셨어요.
famoso(a) 빠모쏘(싸)	유명한	**(la) promoción** (라) 쁘로모씨온	프로모션, 할인
(el) edificio (엘) 에디삐씨오	건물	**pagar** 빠가르	계산하다 pago, pagas, paga pagamos, pagáis, pagan
Exacto(a). 엑싹또(따).	정확해요.	**Gracias a ~** 그라씨아쓰 아	~덕분에

✓ Check 1

다음 우리말에 맞는 스페인어를 쓰세요.

① 추천하다 _____   ② 특별히 _____
③ 유명한 _____   ④ 이유, 이성 _____
⑤ 잘 생각하셨어요. _____ ⑥ ~덕분에 _____

A 대화문을 읽고 말해 보세요.

1 마리아 씨가 진호 씨에게 여행지를 추천한다.

Jinho: **María, ¿me recomiendas alguna ciudad para viajar?**
마리아, 메 레꼬미엔다스 알구나 씨우닫 빠라 비아하르?

María: **¿Quieres hacer algo en especial?**
끼에레스 아쎄르 알고 엔 에스뻬씨알?

Jinho: **Estoy pensando en ver monumentos famosos.**
에스또이 뻰산도 엔 베르 모누멘또스 빠모소스.

María: **En ese caso, te recomiendo ir a Barcelona.**
엔 에쎄 까쏘, 떼 레꼬미엔도 이르 아 바르쎌로나.

Jinho: **Es famosa por los edificios de Gaudí, ¿verdad?**
에스 빠모싸 뽈 로스 에디삐씨오스 데 가우디, 베르닷?

María: **Exacto. Desde Madrid, puedes ir en tren o en avión.**
엑싹또. 데스데 마드릿, 뿌에데스 이르 엔 뜨렌 오 엔 아비온.

Jinho: **¡Muchas gracias, María!**
무차스 그라씨아쓰, 마리아.

⁖ Plus 학습

상대방의 말에 수긍하는 표현

- Exacto. 정확해요.
- Efectivamente. 실제로 그렇습니다.
- Tienes razón. 당신 말이 맞아요.
- Es verdad. 사실이에요.

HiEnglish

2 진호 씨가 바르셀로나 투어를 예약한다.

Jinho: **¡Hola! Quisiera reservar una visita guiada por Barcelona.**
올라! 끼씨에라 레세르바르 우나 비시따 기아다 뽈 바르쎌로나.

Empleada: **Hay una todos los días. ¿Cuándo quiere hacerla?**
아이 우나 또도스 로스 디아스. 꾼도 끼에레 아쎄를라?

Jinho: **Estoy pensando en ir el día 9 y 10 de julio.**
에스또이 뻰산도 엔 이르 엘 디아 누에베 이 디에스 데 훌리오.

Empleada: **Bien pensado.**
비엔 뻰싸도.

Tenemos una promoción para esos días.
떼네모스 우나 쁘로모씨온 빠라 에쏘스 디아스.

Jinho: **¿De verdad? ¿Cuánto cuesta por persona?**
데 베르닷? 꾼또 꾸에스따 뽈 뻬르쏘나?

Empleada: **Con un descuento, cuesta cien euros por día.**
꼰 운 데스꾸엔또, 꾸에스따 씨엔 에우로스 뽈 디아.

Jinho: **¡Perfecto! La reservo ahora.**
뻬르펙또! 라 레세르보 아오라.

스페인어 현장 TIP

피카소가 그림을 그리던 단골집

바르셀로나에는 Els Quatre Gats (고양이 네 마리)라는 카페가 있습니다. 이 곳은 카탈루냐의 유명 화가 Ramon Casas (라몬 까사스)가 1897년 문을 열고, Pablo Picasso (빠블로 삐까소)가 그림을 그리던 단골집으로 유명합니다. 모더니즘 시기에 바르셀로나의 지식인들과 화가들이 모여 담소를 나누던 곳으로, 아직 일반인에게 개방되어 있습니다.

✓ **Check 2**

본문 내용과 일치하면 ○표, 일치하지 않으면 ×표를 하세요.
① María recomienda a Jinho ir a Barcelona. (   )
② Jinho paga menos gracias a una promoción. (   )

어법 끝장내기

1. 추천해 주기

「간접목적격대명사+recomendar 동사+추천 대상」 구조를 통해 '간접목적격대명사'에게 '추천 대상'을 '추천해 주다'를 표현할 수 있습니다.

'간접목적격대명사'에게	'recomendar 동사'	'추천 대상'을
Me 나에게	recomiendo (주어:1인칭 단수)	
Te 너에게	recomiendas (주어: 2인칭 단수)	**alguna ciudad para viajar.** 여행할 어떤 도시를
Le 그에게	recomienda (주어: 3인칭 단수)	
Nos 우리들에게	recomendamos (주어: 1인칭 복수)	**ir a Barcelona.** 바르셀로나에 가는 것을
Os 너희들에게	recomendáis (주어: 2인칭 복수)	
Les 그들에게	recomiendan (주어: 3인칭 복수)	

(주어)가 (간접목적격대명사)에게 (추천 대상)을 추천하다.

✓ Check 3

다음의 주어에 알맞게 'recomendar 동사'를 변형해 보세요.
① 주어: yo _____
② 주어: tú _____

2. 특별히 하고 싶은 것 묻기

「querer 동사+동사원형」 구조를 통해 '(동사원형) 하고 싶다'를 표현할 수 있습니다. 이 때 뒤에 'algo en especial'을 첨가함으로써 '특별히 무언가를'이라는 의미를 더하여 질문할 수 있습니다.

(주어)	querer 동사	동사원형	
2인칭 단수	**¿Quieres**	**hacer** 하다	**algo en especial?** 특별히 무언가를
3인칭 단수	**¿Quiere**		
2인칭 복수	**¿Queréis**	**comer** 먹다	
3인칭 복수	**¿Quieren**		

✓ Check 4

다음 우리말 문장을 스페인어로 바꿔 보세요.
① 너는 특별히 무얼 먹고 싶니? _____
② 너는 특별히 무얼 하고 싶니? _____

3 현재진행형

스페인어 동사의 현재진행형은 「estar 동사+현재분사」 구조를 가집니다. '-ar 동사'는 어미 -ar 자리에 -ando를 삽입하고, '-er 동사'와 '-ir 동사'는 어미 -er와 -ir 자리에 -iendo를 삽입합니다.

(주어)	Estar 동사	현재분사		
		pensar	correr	insistir
1인칭 단수	**Estoy**			
2인칭 단수	**Estás**			
3인칭 단수	**Está**	pensando	corriendo	insistiendo
1인칭 복수	**Estamos**			
2인칭 복수	**Estáis**			
3인칭 복수	**Están**			

(주어)는 현재 ~하고 있다

▶▶ 본문의 대화문을 통해 연습해 봅시다.

Estoy	**pensando**	en ver monumentos y edificios famosos.
나는 생각하고 있다. (주어: Yo)		유명한 기념물과 건물을 보는 것을

Estoy	**pensando**	en ir el día 9 y 10 de julio.
나는 생각하고 있다. (주어: Yo)		7월 9일과 10일에 가는 것을

✓ Check 5

다음 동사원형을 괄호 안 주어에 알맞게 현재진행형으로 바꿔 보세요.
① trabajar (주어: yo) _____
② aprender (주어: tú) _____

New Words

correr 뛰다   insistir 고집하다

끝장 마무리

A 다음 질문에 자유롭게 대답해 보세요.

1. María, ¿me recomiendas alguna ciudad para viajar?

2. ¿Cuándo quieres visitar?

3. ¿Cuánto cuesta por persona?

B 다음 스페인어 문장을 우리말로 바꿔 보세요.

4. Estoy pensando en ver monumentos famosos.

5. Desde Madrid, puedes ir en tren o en avión.

6. Bien pensado.

C 다음은 본문의 일부입니다. 우리말을 스페인어로 바꿔 보세요.

7. 너는 특별히 무얼 하고 싶니?

8. 그 경우에는, 당신에게는 바르셀로나에 가는 것을 추천합니다.

9. 마드리드에서부터는 기차나 비행기를 타고 갈 수 있어요.

10. 지금 그걸(가이드 투어를) 예약할게요.

Role-Play

D 짝과 함께 [보기]와 같이 여행지를 소개해 보세요.

• 보기 •

A: ¿Me recomiendas alguna ciudad para viajar?
  저에게 여행할 만한 도시를 추천해 주실래요?
B: Te recomiendo visitar Seúl.
  당신에게 서울을 방문하는 것을 추천합니다.
  Seúl es una ciudad famosa por su historia y modernidad.
  서울은 그 역사와 현대성으로 유명한 도시입니다.
  La comida coreana también está muy buena.
  한국 음식 또한 매우 맛있습니다.

시험 대비

E 다음 문장의 빈칸에 들어갈 가장 적당한 것을 하나 고르세요.

1. ¿Quieres hacer algo _____ especial?

   ① a ② en ③ por ④ que

2. Estoy _____ en ir el día 9 y 10 de julio.

   ① pensar ② pienso ③ pensado ④ pensando

Barcelona, ciudad de Gaudí
바르셀로나, 가우디의 도시

전 세계 수많은 여행자들이 바르셀로나를 찾는 이유 중 하나는, 가우디의 건축물을 보기 위함입니다. 가우디는 Sagrada Familia 성당 (성가족성당)을 건축하던 중 타계하여, 관광객들은 아직도 그 건축 과정을 볼 수 있는 놀라운 경험을 할 수 있습니다. 이 밖에도, Casa Milà, Casa Batlló, Casa Vicens, Casa Calvet 등 수많은 가우디의 작품이 도시 한 가운데에 놓여 있어, 바르셀로나는 마치 도시 전체가 가우디의 박물관인 듯 합니다. 가우디는 물, 바람, 햇살 등의 자연을 형상화한 장식과, 빛의 각도, 기하학적 문양 등을 사용한 것으로 유명합니다.

UNIT 15

쇼핑 ¿Cuál es el recuerdo más famoso en España?

>> 이번 과에서 배울 주요 표현을 살펴보세요.

1 기념품 추천해 주기

María, ¿Cuál es el recuerdo más famoso en España?
마리아, 꽐 에스 엘 레꾸에르도 마스 빠모쏘 엔 에스빠냐
마리아 씨, 스페인에서 가장 유명한 기념품은 무엇입까?

Creo que es el turrón. ¿Te suena el turrón?
끄레오 께 에스 엘 뚜론. 떼 수에나 엘 뚜론?
뚜론인 것 같아요. 뚜론 들어보셨어요?

2 가게에서 기념품 구입하기

El turrón más famoso es el de Alicante.
엘 뚜론 마스 빠모쏘 에스, 엘 데 알리깐떼.
가장 유명한 뚜론은 알리깐떼 뚜론입니다.

단어 끝장내기

단어	뜻	단어	뜻
(el) recuerdo (엘) 레꾸에르도	추억, 기억, 기념품	**familiar** 빠밀리아르	친근한, 익숙한
(el) turrón (엘) 뚜론	뚜론 (스페인 크리스마스 전통 과자)	**(la) textura** (라) 떽스뚜라	질감
sonar 쏘나르	소리 나다, (~에게) 들리다, (~에게) 익다 sueno, suenas, suena sonamos, sonáis, suenan	**duro(a)** 두로(라)	단단한, 딱딱한
exactamente 엑싹따멘떼	정확히	**blando(a)** 블란도(다)	부드러운, 무른
(el) dulce (엘) 둘쎄	단 것	**Alicante** 알리깐떼	스페인 도시 이름
tradicional 뜨라디씨오날	전통적인	**vendido(a)** 벤디도(다)	팔린
normalmente 노르말멘떼	일반적으로	**últimamente** 울띠마멘떼	최근에, 요즘에
todo el mundo 또도 엘 문도	전 세계, 모든 사람들	**como** 꼬모	~처럼, ~로서
(la) cara (라) 까라	얼굴, 낯	**llevarse** 예바르쎄	가져가다 me llevo, te llevas, se lleva nos llevamos, os lleváis, se llevan

✓ Check 1

다음 우리말에 맞는 스페인어를 쓰세요.

① 기념품 _____   ② 단 것 _____
③ 전통적인 _____   ④ 친근한 _____
⑤ 최근에 _____   ⑥ ~로서 _____

A 대화문을 읽고 말해 보세요.

1 진호 씨가 마리아 씨에게 기념품을 추천받는다.

Jinho: **María, ¿Cuál es el recuerdo más famoso en España?**
마리아. 꽐 에스 엘 레꾸에르도 마스 빠모쏘 엔 에스빠냐

María: **Creo que es el turrón. ¿Te suena el turrón?**
끄레오 께 에스 엘 뚜론. 떼 수에나 엘 뚜론?

Jinho: **Sí, me suena. Pero no sé exactamente qué es.**
씨. 메 수에나. 뻬로 노 쎄 엑싹따멘떼 께 에스.

María: **Es un tipo de dulce tradicional español.**
에스 운 띠뽀 데 둘쎄 뜨라디씨오날 에스빠뇰.

Jinho: **¿Crees que les gustará a los coreanos, también?**
끄레에스 께 레스 구스따라 아 로스 꼬레아노스. 땀비엔?

María: **Sí, normalmente le gusta a todo el mundo.**
씨. 노르말멘떼 레 구스따 아 또도 엘 문도.

Jinho: **Muy bien. Ahora voy a comprarlo.**
무이 비엔. 아오라 보이 아 꼼쁘라를로.

✛ Plus 학습

'sonar' 동사를 활용한 표현

• Me suena la cara.	낯이 익다.
• Me suena el nombre.	이름은 들어봤다.
• Me suena familiar.	친근하게 들린다. (=Me parece familiar)
• Me suena bien.	좋게 들린다. (=Me parece bien)

2 진호 씨가 가게에서 기념품으로 뚜론을 구매한다.

Jinho: **¡Hola! Quisiera comprar turrón tradicional.**
올라! 끼씨에라 꼼쁘라르 뚜론 뜨라디씨오날.

Empleada: **¡Hola! El turrón más famoso es el de Alicante.**
올라! 엘 뚜론 마스 빠모쏘 에스 엘 데 알리깐떼.

Jinho: **¿La textura es dura o blanda?**
라 떽스뚜라 에스 두라 오 블란다?

Empleada: **El de Alicante, en general, es duro.**
엘 데 알리깐떼, 엔 헤네랄, 에스 두로.

Jinho: **Creo que prefiero algo más blando.**
끄레오 께 쁘레삐에로 알고 마스 블란도.

Empleada: **Entonces, le recomiendo el turrón de Jijona.**
엔똔쎄스, 레 레꼬미엔도 엘 뚜론 데 히호나.

Es el tipo más vendido últimamente como recuerdo.
에스 엘 띠뽀 마스 벤디도 울띠마멘떼 꼬모 레꾸에르도.

Jinho: **¡Vale! Me llevo diez de Jijona.**
발레! 메 예보 디에스 데 히호나.

스페인어 현장 TIP

도시 중심에 해변이 있는 알리깐떼

알리깐떼는 발렌시아 주 (Comunidad Valenciana) 소속 도시로서, 스페인의 남동부에 위치해 있습니다. 스페인이라는 국가 전체가 해변으로 유명하지만, 그 중에서도 알리깐떼는 도시의 중심에 해변이 있는 거의 유일한 도시입니다.

✓ **Check 2**

본문 내용과 일치하면 ○표, 일치하지 않으면 ×표를 하세요.
① A los coreanos les gustará el turrón. (   )
② Al final, Jinho se lleva diez turrones duros. (   )

어법 끝장내기

1. 최상급 표현하기

「정관사+명사+más+형용사」 구조를 통해 '가장 (형용사)한 (명사)', 즉 최상급을 표현할 수 있습니다. 이 때 정관사와 형용사는 명사를 기준으로 성수일치합니다.

	정관사	명사		형용사
가장 유명한 기념품	El	recuerdo	más	famoso
가장 똑똑한 여성	La	mujer		inteligente
가장 많이 팔린 책들	Los	libros		vendidos
가장 예쁜 꽃들	Las	flores		bonitas

▶▶ 본문의 대화문을 통해 연습해 봅시다.

정관사	명사	más	형용사
El	recuerdo	más	famoso
가장 유명한 기념품			
El	Tipo	más	vendido
가장 많이 팔린 종류			

✓ Check 3

다음 명사와 형용사로 '가장 (형용사)한 (명사)' 구문을 만들어 보세요.
① persona, hermosa _____
② libro, útil _____

2. '~라고 생각한다(믿는다)' 표현하기

'creer 동사'는 '생각하다'라는 의미를 가집니다. 여기에 우리말의 '~라고', 영어의 'that'에 해당하는 que를 붙여, 「Creer que (주어)+동사」 구조를 통해 '~라고 생각한다(믿는다)'를 표현할 수 있습니다.

creer 동사			
1인칭 단수	Creo		
2인칭 단수	Crees		
3인칭 단수	Cree	que	(주어) + 동사
1인칭 복수	Creemos		
2인칭 복수	Creéis		
3인칭 복수	Creen		

▶▶ 본문의 대화문을 통해 연습해 봅시다.

Creo	que	es el turrón.
생각한다 – 주어: Yo	~라고	뚜론이라고
저는 뚜론이라고 생각해요.		

✓ **Check 4**

다음의 주어와 내용에 알맞게 「Creer que 절」 구문을 만들어 보세요.
① 주어: Yo, 내용: el turrón es popular en Corea. _____
② 주어: Nosotros, 내용: ustedes quieren trabajar con nosotros. _____

3 명사의 생략

스페인어의 명사는 인칭과 수에 따라 상이한 관사를 가집니다. 따라서 대화 맥락에서 관사만 남기고, 명사를 생략하여도 이해가 가능합니다. 이는 동일한 명사의 반복을 피하기 위한 방법이기도 합니다.

1. 정관사를 생략하는 경우

> A: Creo que a Marina le gusta mucho el helado. 저는 마리나 씨가 아이스크림을 정말 좋아한다고 생각해요.
> B: Sobre todo, le gusta **el *helado* de fresa**. → Sobre todo, le gusta **el de fresa**.
>   특히, 딸기 아이스크림을 좋아해요.

2. 부정관사를 생략하는 경우

> A: ¿Qué tipo de jersey buscas? 어떤 종류의 스웨터를 찾으십니까?
> B: Busco un jersey de lana. → Busco uno de lana. 저는 양털 스웨터를 찾고 있습니다.

» 본문의 대화문을 통해 연습해 봅시다.

> El turrón más famoso es **el *turrón* de Alicante**. → El turrón más famoso es **el de Alicante**.
> **El *turrón* de Alicante**, en general, es duro. → **El de Alicante**, en general, es duro.

✓ **Check 5**

다음 내용에서 명사를 생략해 보세요.
① El país más rico _____
② La revista más vendida _____

New Words

hermoso(a) 아름다운   útil 유용한   responsable 책임감 있는
bello(a) 예쁜   sobre todo 무엇보다도   (el) helado 아이스크림   (la) fresa 딸기

끝장 마무리

A 다음 질문에 자유롭게 대답해 보세요.

1. ¿Cuál es el recuerdo más famoso en España?

2. ¿Te suena?

3. ¿La textura es dura o blanda?

B 다음 스페인어 문장을 우리말로 바꿔 보세요.

4. Creo que es el turrón.

5. Es un tipo de dulce tradicional español.

6. Es el tipo más vendido últimamente como recuerdo.

C 다음은 본문의 일부입니다. 우리말을 스페인어로 바꿔 보세요.

7. 한국인들도 좋아할 것이라 생각하세요?

8. 네, 보통 모든 사람들이 좋아해요.

9. 가장 유명한 뚜론은 알리깐떼 뚜론입니다.

10. 저는 더 부드러운 것을 선호한다고 생각해요.

HiEnglish

Role-Play

D [보기]와 같이 상대방에게 뚜론을 소개해 보세요.

• 보기 •

El recuerdo más famoso en España es el turrón. Es un tipo de dulce tradicional y le gusta a todo el mundo. El turrón más famoso es el de Alicante. Sin embargo, el tipo más vendido últimamente como recuerdo es el de Jijona, porque es más blando.
스페인에서 가장 유명한 기념품은 뚜론입니다. 뚜론은 전통적인 단 음식이고, 모든 사람들이 좋아합니다. 가장 유명한 뚜론은 알리깐떼 뚜론입니다. 그러나 최근에 기념품으로서 가장 많이 팔린 종류는 히호나 뚜론입니다. 왜냐하면 더 부드럽기 때문입니다.

시험 대비

E 다음 문장의 빈칸에 들어갈 가장 적당한 것을 하나 고르세요.

1. ¿Cuál es _____ recuerdo más famoso en España?

　① el　　　　② la　　　　③ los　　　　④ las

2. ¿Crees _____ les gustará a todos los coreanos, también?

　① cual　　　② que　　　③ cuando　　④ quien

Culture Tip

Turrón español
스페인 뚜론

뚜론은 스페인에서 크리스마스에 먹는 단 음식입니다. 우리나라의 '엿'과 아주 비슷합니다. 'turrón'이라는 이름은 라틴어로 '굽다'를 뜻하는 'torrere'에서 비롯되었습니다. 달걀 흰자, 꿀, 아몬드 등을 넣어 단단하게 만듭니다. 알리깐떼(Alicante) 지역에서는 속에 아몬드를 많이 넣어 여러 모양의 단단한 뚜론이 대표적입니다. 히호나(Jijona) 지역에서는 오일을 조금 더 사용해 뚜론이 쫄깃하고 부드러운 식감을 냅니다.

UNIT 16

식당 **De primero, me apetece una ensalada de salmón.**

>> 이번 과에서 배울 주요 표현을 살펴보세요.

1 식당에서 음식 주문하기

¿Qué quiere de primer plato?
께 끼에레 데 쁘리메르 쁠라또?
전채 요리로 무엇을 드시겠어요?

2 디저트와 와인 주문하기

Acabamos de abrir una botella de vino de Rioja.
아까바모스 데 아브리르 우나 보떼야 데 비노 데 리오하.
저희가 방금 막 리오하 와인을 한 병 열었습니다

En ese caso, una copa de Rioja, por favor.
엔 에쎄 까쏘, 우나 꼬빠 데 리오하, 뽀르 빠보르.
그 경우라면, 리오하 한 잔 주세요.

단어	뜻	단어	뜻
(el) menú (엘) 메누	메뉴판	**(el) postre** (엘) 뽀스뜨레	디저트
(el) plato (엘) 쁠라또	요리, 메뉴	**(el) helado** (엘) 엘라도	아이스크림
(el) primer plato (엘) 쁘리메르 쁠라또	전채요리	**(el) flan** (엘) 쁠란	푸딩
apetecer 아뻬떼쎄르	(구미가) 당기다 apetezco, apeteces, apetece, apetecemos, apetecéis, apetecen	**(la) fruta del tiempo** (라) 쁘루따 델 띠엠뽀	제철 과일
(la) ensalada (라) 엔쌀라다	샐러드	**(la) vainilla** (라) 바이니야	바닐라
(el) salmón (엘) 쌀몬	연어	**beber** 베베르	마시다 bebo, bebes, bebe bebemos, bebéis, beben
acabar 아까바르	끝내다 acabo, acabas, acaba acabamos, acabáis, acaban	**abrir** 아브리르	열다 abro, abres, abre abrimos, abrís, abren
acabar de ~ 아까바르 데 ~	방금 막 ~하다	**(la) botella** (라) 보떼야	병
(la) pizza (라) 삐싸	피자	**(el) vino** (엘) 비노	와인
(el) jamón (엘) 하몬	연어	**(la) copa** (라) 꼬빠	잔
probar 쁘로바르	먹어 보다, 시도해 보다 pruebo, pruebas, prueba probamos, probáis, prueban	**enseguida** 엔쎄기다	곧바로

✓ Check 1

다음 우리말에 맞는 스페인어를 쓰세요.
① 메뉴판 _____
② 연어 _____
③ 먹어보다 _____
④ 아이스크림 _____
⑤ 바닐라 _____
⑥ 곧바로 _____

 회화 끝장내기

A 대화문을 읽고 말해 보세요.

1 진호 씨가 음식을 주문한다.

Jinho: **¿Me trae el menú, por favor?**
메 뜨라에 엘 메누, 뽀르 빠보르?

Camarera: **Aquí tiene. ¿Qué quiere de primer plato?**
아끼 띠에네. 께 끼에레 데 쁘리메르 쁠라또?

Jinho: **De primero, me apetece una ensalada de salmón.**
데 쁘리메로, 메 아뻬떼쎄 우나 엔쌀라다 데 쌀몬.

Camarera: **¿Y de segundo?**
이 데 세군도?

Jinho: **¿Me recomienda un plato?**
메 레꼬미엔다 운 쁠라또?

Camarera: **Acabamos de hacer pizza de jamón y está**
아까바모스 데 아쎄르 삐싸 데 하몬 이 에스따

buena.
부에나.

Jinho: **Entonces, voy a probar esa pizza.**
엔똔쎄스, 보이 아 쁘로바르 에싸 삐싸.

✦ Plus 학습

스페인 요리 관련 표현

- (La) paella 쌀에 육수를 붓고 재료를 넣어 끓여 먹는 쌀요리
- (El) gazpacho 토마토와 생마늘, 빵 조각을 갈아 시원하게 먹는 요리
- (Las) gambas al ajillo 새우를 마늘과 올리브오일에 넣어 볶은 요리
- (El) pulpo a la gallega 삶은 문어에 소금과 파프리카 가루를 뿌려 먹는 요리

HiEnglish

2   진호 씨가 디저트와 와인을 주문한다.

Jinho: **¿Qué tienen de postre?**
께 띠에넨 데 뽀스뜨레?

Camarera: **Tenemos helado, flan y fruta del tiempo.**
떼네모스 엘라도, 쁠란 이 쁘루따 델 띠엠뽀.

Jinho: **Entonces un flan de vainilla, por favor.**
엔똔쎄스 운 쁠란 데 바이니야, 뽀르 빠보르.

Camarera: **¿Y para beber?**
이 빠라 베베르?

Acabamos de abrir una botella de vino de Rioja.
아까바모스 데 아브리르 우나 보떼야 데 비노 데 리오하.

Jinho: **En ese caso, una copa de Rioja, por favor.**
엔 에쎄 까쏘, 우나 꼬빠 데 리오하, 뽀르 빠보르.

Camarera: **Muy bien. Se lo traigo todo enseguida.**
무이 비엔. 쎄 로 뜨라이고 또도 엔쎄기다.

Jinho: **¡Muchas gracias!**
무차스 그라씨아스!

스페인어 현장 TIP

스페인 후식, 플란 푸딩

Flan(플란)은 일종의 푸딩이지만, 일반적으로 우유, 계란, 설탕으로만 만든다. 가끔 커스터드 크림을 넣어 커스터드 푸딩을 만들기도 하는데, 스페인 가정에서 흔히 만들어 먹는 후식 중 하나다.

✓ **Check 2**

본문 내용과 일치하면 ○표, 일치하지 않으면 ×표를 하세요.
① Jinho elige una ensalada de salmón de primer plato. (   )
② Jinho pide un flan de fresa como postre. (   )

UNIT 16 식당 **De primero, me apetece una ensalada de salmón.** | 133

어법 끝장내기

1 '~가 당긴다' 표현하기

「간접목적격대명사+apetecer+주어」 구조를 사용하여 '~가 당긴다'를 표현할 수 있습니다. 'apetecer 동사'는 '(~에게) apetito(입맛, 구미)를 주다', 즉 '(간접목적격대명사)에게 (주어)가 구미를 당기게 하다'라는 뜻입니다. 따라서, 6과에서 익힌 'gustar 동사'와 동일하게 역방향으로 해석되어, 직역하면 '(간접목적격대명사)는 (주어)가 당긴다'가 됩니다. 또한, 주어가 단수냐 복수냐에 따라 'apetecer 동사'의 변형도 적절히 이루어져야 합니다.

'간접목적격대명사'에게		당기게 하다	'주어' 가
나에게	**Me**		
너에게	**Te**		
그에게	**Le**	**apetece** ←	단수 주어
우리에게	**Nos**		
너희에게	**Os**	**apetecen** ←	복수 주어
그들에게	**Les**		

(간접목적격대명사)에게 (주어)가 구미를 당기게 하다. ☞ (간접목적격대명사)는 (주어)가 당긴다

▶▶ 본문의 대화문을 통해 연습해 봅시다.

Me	**apetece**	**una ensalada de salmón.**
나에게	구미를 당기게 한다.	연어 샐러드가

나는 토마토 샐러드가 당긴다.

✓ **Check 3**

'apetecer 동사'를 사용하여 다음 우리말 문장을 스페인어로 바꾸어 보세요.
① 나는 커피 한 잔이 당긴다. _____
② 나는 와인 한 잔이 당긴다. _____

New Words

(el) menú de hoy 오늘의 메뉴   (el) efectivo 현금

2 '방금 막 ~했다' 표현하기

'끝내다'라는 뜻의 'acabar 동사'에 전치사 'de'와 동사원형을 더해 「acabar de+동사원형」 구조를 통해서 '방금 막 (동사원형) 했다'를 표현할 수 있습니다.

acabar 동사			
1인칭 단수	**Acabo**		
2인칭 단수	**Acabas**		
3인칭 단수	**Acaba**	**de**	동사원형
1인칭 복수	**Acabamos**		
2인칭 복수	**Acabáis**		
3인칭 복수	**Acaban**		

≫ 본문의 대화문을 통해 연습해 봅시다.

Acabamos	**de**	**hacer** pizza de jamón.
방금 막 ~하다 주어: nosotros		하몬 피자를 만들다
저희는 방금 막 하몬피자를 만들었습니다.		

Acabamos	**de**	**abrir** una botella de vino de Rioja.
방금 막 ~하다 주어: nosotros		리오하 와인 한 병을 열다
저희는 방금 막 리오하 와인 한 병을 열었습니다.		

✓ **Check 4**

다음의 주어와 내용을 포함하여 'acabar de~' 구문을 만들어 보세요.
① 주어: yo 내용: hablar con María. _____
② 주어: tú 내용: preparar un postre. _____

3 음식점에서 유용한 표현

무엇을 드시겠어요?	¿Qué desea tomar?
오늘의 메뉴 주시겠어요?	¿Me das el menú de hoy?
~가 있나요?	¿Tienen ~?
빌지를 가져오다.	Traer la cuenta.
카드로 계산하다.	Pagar con tarjeta.
현금으로 계산하다.	Pagar en efectivo.

✓ **Check 5**

다음 우리말 문장을 스페인어로 바꿔 보세요.
① 무엇을 드시겠어요? _____
② 카드로 계산하다. _____

끝장 마무리

A 다음 질문에 자유롭게 대답해 보세요.

1. ¿Me trae el menú, por favor?

2. ¿Me recomienda un plato?

3. ¿Y para beber?

B 다음 스페인어 문장을 우리말로 바꿔 보세요.

4. ¿Me recomienda un plato?

5. Entonces voy a probar esa pizza.

6. Se lo traigo enseguida.

C 다음은 본문의 일부입니다. 우리말을 스페인어로 바꿔 보세요.

7. 전채요리로 무엇을 드시겠어요?

8. 저희가 방금 막 하몬이 들어간 피자를 만들었습니다.

9. 디저트로는 뭐가 있나요?

10. 저희는 방금 막 리오하 와인을 한 병 열었습니다.

HiEnglish

Role-Play

D 짝과 함께 [보기]와 같이 음식을 주문하는 대화를 해 보세요.

• 보기 •

A: ¡Hola! ¿Me trae el menú, por favor?
　안녕하세요! 메뉴판 좀 주시겠어요?
B: Aquí tiene. ¿Qué desea tomar, de primero?
　여기 있습니다. 전채요리로 무얼 드시겠어요?
A: De primero, me apetece una ensalada de atún con tomate.
　전채로는, 토마토가 들어간 참치 샐러드가 당기네요.
B: Perdone, no la tenemos. ¿Qué tal una de salmón?
　죄송합니다. 그것은 없습니다. 연어 샐러드는 어떠세요?

시험 대비

E 다음 문장의 빈칸에 들어갈 가장 적당한 것을 하나 고르세요.

1. _____ una ensalada de salmón.

　① Me apetezco　② Te apetecen　③ Me apetece　④ Le apetecen

2. Acabamos _____ abrir una botella de vino de Rioja.

　① a　② de　③ donde　④ que

Culture Tip

스페인 식당에서는 정말 물이 유료일까?

흔히 유럽 식당에서는 물을 사서 마셔야 한다고 합니다. 그런데 이 말은 일부는 맞고, 일부는 틀린 말입니다. 일반 식당은 생수가 아닌 수돗물을 정수한 물을 제공합니다. 정수된 수돗물을 마시는 것은 전혀 비정상적인 것이 아니므로, 문제가 되지 않습니다. 기본적으로 제공되는 물 이외에 추가로 음료 중, agua mineral (생수), agua con gas(탄산수) 등을 주문할 때는 추가로 돈을 지불해야 합니다. 이때는 유리병에 든 생수가 제공되기 때문입니다. 물을 무료로 더 마시고 싶으면, agua de grifo (수돗물)을 달라고 말하면 됩니다.

UNIT 17 병원 Me duele la barriga.

>> 이번 과에서 배울 주요 표현을 살펴보세요.

1 상태 묻고 증상 말하기

¡Buenos días, Jinho! ¿Qué le pasa?
부에노스 디아스, 진호! 께 레 빠싸?
진호 씨, 좋은 아침입니다! 무슨 일이세요?

¡Buenos días, Dra. Martínez! Me duele la barriga.
부에노스 디아스, 독또라 마르띠네스! 메 두엘레 라 바리가.
좋은 아침입니다, 마르띠네스 선생님! 배가 아파요.

2 약 복용법 듣기

Tienes que tomar un sobre tres veces al día.
띠에네스 께 또마르 운 소브레 뜨레스 베쎄스 알 디아.
한 봉지를 하루에 세 번 드셔야 해요.

단어 끝장내기

단어	뜻	단어	뜻
pasar 빠싸르	(일이) 일어나다 paso, pasas, pasa pasamos, pasáis, pasan	**anoche** 아노체	어젯밤
doler 돌레르	아픔을 주다 duelo, dueles, duele dolemos, doléis, duelen	**grave** 그라베	심각한, 무거운
(la) barriga (라) 바리가	복부	**hacer exploración** 아쎄르 엑스쁠로라씨온	진찰하다
(el) dolor (엘) 돌로르	통증	**sentirse bien/mal** 쎈띠르쎄 비엔/말	상태가 좋다/나쁘다 me siento, te sientes, se siente, nos sentimos, os sentís, se sienten
ayer 아예르	어제	**(la) garganta** (라) 가르간따	목구멍, 인후
(el) marisco (엘) 마리스꼬	해산물	**tener fiebre** 떼네르 삐에브레	열이 있다
(el) almuerzo (엘) 알무에르쏘	점심 식사	**tener tos** 떼네르 또스	기침을 하다
(la) temporada (라) 뗌뽀라다	시즌	**(la) gripe** (라) 그리뻬	독감, 인플루엔자
(la) intoxicación alimentaria (라) 인똑씨까씨온 알리멘따리아	식중독	**anteayer** 안떼아예르	그저께
común 꼬문	흔한	**(la) prescripción** (라) 쁘레스끄립씨온	처방전
(el) síntoma (엘) 신또마	증상	**(el) sobre** (엘) 소브레	(편지)봉투, (약)봉지
Dejar de ~ 데하르 데 ~	~하는 것을 그만두다	**Entendido.** 엔뗀디도.	알겠습니다.
(el) baño (엘) 바뇨	화장실		

✓ Check 1

다음 우리말에 맞는 스페인어를 쓰세요.
① 아픔을 주다 _____
② 어제 _____
③ 증상 _____
④ 상태가 나쁘다 _____
⑤ 독감 _____
⑥ 그저께 _____

A 대화문을 읽고 말해 보세요.

1 진호 씨가 복통으로 인해 진찰을 받는다.

Médica: **¡Buenos días, Jinho! ¿Qué le pasa?**

Jinho: **¡Buenos días, Dra. Martínez! Me duele la barriga.**

Médica: **¿Desde cuándo tiene dolor de barriga?**

Jinho: **Desde ayer. Creo que es por el marisco del almuerzo.**

Médica: **Es temporada de intoxicación alimentaria.**
Es común en verano. ¿Y otros síntomas?

Jinho: **No puedo dejar de ir al baño desde anoche.**

Médica: **Eso es grave. Voy a hacerle una exploración.**

☼ **Plus 학습**

통증과 관련된 표현
- (El) dolor de barriga   복통
- (El) dolor de cabeza   두통
- (El) dolor de dientes   치통
- (El) dolor de garganta   인후통

HiEnglish

2 마리아 씨가 독감으로 약을 처방 받는다.

María: **Dr. González, no me siento bien. Me duele la garganta.**
독또르 곤쌀레스, 노 메 씨엔또 비엔. 메 두엘레 라 가르간따.

Médico: **¿Tiene también fiebre?**
띠에네 땀비엔 삐에브레?

María: **Sí, tengo fiebre. A veces, también tengo tos.**
씨. 뗑고 삐에브레. 아 베쎄쓰, 땀비엔 뗑고 또스.

Médico: **Es gripe. ¿Desde cuándo tiene estos síntomas?**
에스 그리뻬. 데스데 꽌도 띠에네 에스또스 씬또마스?

María: **Desde anteayer.**
데스데 안떼아예르.

Médico: **De acuerdo. Tome esta prescripción, por favor.**
데 아꾸에르도. 또메 에스따 쁘레스끄립씨온, 뽀르 빠보르.

Tiene que tomar un sobre tres veces al día.
띠에네 께 또마르 운 소브레 뜨레스 베쎄스 알 디아.

María: **Entendido. Muchas gracias, doctor.**
엔뗀디도. 무차스 그라씨아스, 독또르.

> **스페인어 현장 TIP**
>
> **가벼운 감기 vs. 독감**
> 스페인에서 가벼운 감기는 (el) resfriado라 하고, 독감이나 유행하는 인플루엔자 감기는 (la) gripe라고 말합니다. 보통 (la) gripe는 목의 통증과 열을 동반한다는 점에서, 상태가 많이 악화되지 않은 (el) resfriado와 다릅니다.

✓ **Check 2**

본문 내용과 일치하면 ○표, 일치하지 않으면 ×표를 하세요.
① Al final, Jinho no sufre de intoxicación alimentaria. (   )
② María recibe una prescripción de su médico. (   )

어법 끝장내기

1 '~가 아프다' 표현하기

「간접목적격대명사+doler+주어(신체 부위)」 구조를 사용하여 '~가 아프다'를 표현할 수 있습니다. 'doler 동사'는 '(~에게) dolor(아픔)을 주다'라는 뜻입니다. 따라서, 6과와 16과에서 익힌 'gustar 동사', 'apetecer 동사'와 동일하게 역방향으로 해석되어, 직역하면 '(간접목적격대명사)는 (주어)가 아프다'가 됩니다. 또한, 주어가 단수냐 복수냐에 따라 'doler 동사'의 변형도 적절히 이루어져야 합니다.

'간접목적격대명사'에게		아픔을 주다	'주어(신체부위)' 가
나에게	Me		
너에게	Te		
그에게	Le	duele	← 단수 주어
우리에게	Nos		
너희에게	Os	duelen	← 복수 주어
그들에게	Les		

(주어)가 (간접목적격대명사)에게 아픔을 주다. ☞ (간접목적격대명사)는 (주어)가 아프다.

▶▶ 본문의 대화문을 통해 연습해 봅시다.

Me	duele	la barriga (la garganta).
나에게	아픔을 주다.	복부가 (목이)

나는 배가(목이) 아프다.

✓ Check 3

'나는 다음의 신체부위가 아프다' 는 문장을 스페인어로 만들어 보세요.
① los dientes _____
② las piernas _____

2 '언제부터 ~하였는지' 표현하기

'언제'라는 부사(접속사)는 cuando, '언제'라는 의문사는 cuándo입니다. '~부터'에 해당하는 부사는 'desde'입니다. 따라서 「¿[Desde cuándo+절]?」 구조를 통해서는 의문문 '언제부터 (절)하였습니까?'를 표현할 수 있습니다.

HiEnglish

질문하기 ≫ (언제)부터 ~하였습니까?

언제부터		~하였습니까?
¿Desde	cuándo	tiene dolor de barriga?
부터	언제	복통이 있다 (주어: Usted)
(당신은) 언제부터 복통이 있었습니까?		

대답하기 ≫ (언제)부터 ~하였습니다.

~하였다	부터	언제
Tengo dolor de barriga	desde	ayer
복통이 있다 (주어: Yo)	부터	어제
어제부터 복통이 있었습니다.		

✓ **Check 4**

'Desde cuándo' 를 사용하여 다음 주어와 내용에 알맞은 의문문을 만들어 보세요.

① 주어: Tú 내용: estar aquí _____

② 주어: Tú 내용: fumar. _____

3 '~를 그만두다(끊다)' 표현하기

(주어)	Dejar de	
1인칭 단수	Dejo de	
2인칭 단수	Dejas de	
3인칭 단수	Deja de	동사원형
1인칭 복수	Dejamos de	
2인칭 복수	Dejáis de	
3인칭 복수	Dejan de	

≫ 본문의 대화문을 통해 연습해 봅시다.

No	puedo dejar de	ir al baño	desde anoche.
없다	그만둘 수 있다 - 주어: yo	화장실에 가는 것을	어젯밤부터
저는 어젯밤부터 화장실을 가는 것을 멈출 수 없어요.			

✓ **Check 5**

다음 우리말 문장을 스페인어로 바꿔 보세요.

① 저는 흡연하는 것을 끊을 수 없어요. _____

② 오늘 저는 술을 마시는 것을 끊습니다. _____

끝장 마무리

A 다음 질문에 자유롭게 대답해 보세요.

1. ¿Qué le pasa?

2. Tienes que tomar un sobre tres veces al día.

3. ¿Desde cuándo tiene estos síntomas?

B 다음 스페인어 문장을 우리말로 바꿔 보세요.

4. Creo que es por el marisco del almuerzo.

5. Voy a hacerle una exploración.

6. Tienes que tomar un sobre tres veces al día.

C 다음은 본문의 일부입니다. 우리말을 스페인어로 바꿔 보세요.

7. 저 상태가 안 좋아요.

8. 어젯밤부터 화장실에 가는 것을 멈출 수 없어요.

9. 열이 있어요 가끔은 기침도 해요.

10. 저는 목이 아파요.

Role-Play

D [보기]와 같이 자신의 증상을 의사에게 설명해 보세요.

• 보기 •

Buenos días, Dr. Martínez.
좋은 아침입니다, 마르띠네스 선생님.
Me duele la garganta y tengo fiebre.
목이 아프고 열이 납니다.
A veces, támbén tengo tos.
가끔은 기침도 해요.
Creo que es por el marisco del almuerzo.
점심식사의 해산물 때문이라 생각해요.
No dejo de ir al baño.
화장실에 가는 것을 멈출 수 없어요.

시험 대비

E 다음 문장의 빈칸에 들어갈 가장 적당한 것을 하나 고르세요.

1. ¿Desde _____ tiene dolor de barriga?

　① cuándo　　② qué　　③ quién　　④ cuál

2. Me _____ la garganta.

　① duelo　　② duelen　　③ duele　　④ duela

Culture Tip

스페인 노인 건강 적신호의 요인

우리나라의 기대 수명은 남성의 경우 79세, 여성은 85세입니다. 스페인의 경우 남성 80세, 여성 86세로 우리나라보다 평균적으로 1년 정도 더 길지만 대략 비슷합니다. 그러나 우리나라의 사망 제1 원인이 암이지만, 스페인의 제1 원인은 심장 질환입니다. 혹자는 이는 식습관과 관련이 있어, 육류 소비가 많은 스페인에서 당연한 현상이라고 말합니다. 노인의 경우, 우리나라와 상반된 모습을 보이기도 합니다. 우리나라 노인의 경우에는 대체로 근육량이 적어 움직임이 힘들다면, 스페인의 노인은 혈류 문제로 인해 움직임이 어렵습니다. 이 또한 높은 육류 소비량과 관련 있다고 합니다.

UNIT 18 은행 ¿Aquí se puede cambiar moneda?

>> 이번 과에서 배울 주요 표현을 살펴보세요.

1 환전하기

Me gustaría cambiar de wones a euros.
메 구스따리아 깜비아르 데 워네스 아 에우로스.
원을 유로로 바꾸고 싶어요.

2 계좌 열고 이자율 물어보기

¡Hola! Quisiera abrir una cuenta bancaria.
올라! 끼씨에라 아브리르 우나 꾸엔따 방까리아.
안녕하세요! 계좌를 하나 열고 싶습니다.

¿Se refiere a la cuenta personal de ahorro a plazos?
쎄 레삐에레 아 라 꾸엔따 뻬르쏘날 데 아오로 아 쁠라쏘스?
개인 적금 통장 말씀하시는 거세요?

HiEnglish

단어	뜻	단어	뜻
cambiar 깜비아르	바꾸다, 교환하다 cambio, cambias, cambia, cambiamos, cambiáis, cambian	**(el) interés** (엘) 인떼레스	흥미, 이율, 이자
(la) moneda (라) 모네다	동전, 화폐	**anual** 아누알	연간의
(el) won (엘) 원	원(₩)	**llegar** 예가르	도착하다, 달하다 llego, llegas, llega llegamos, llegáis, llegan
(el) tipo de cambio (엘) 띠뽀 데 깜비오	환율	**(el) depósito** (엘) 데뽀씨또	예금
(la) cuenta (라) 꾸엔따	계정	**mil** 밀	1000
bancario(a) 방까리오(아)	은행의	**diferente** 디뻬렌떼	다른
(la) cuenta bancaria (라) 꾸엔따 방까리아	은행 계좌	**(la) libreta de ahorro** (라) 리브레따 데 아오로	저축 통장
referirse a~ 레뻬리르세 아 ~	~에 관해 언급하다 me refiero, te refieres, se refiere, nos referimos, os referís, se refieren	**(el) cajero automático** (엘) 까헤로 아우또마띠꼬	자동 현금 인출기(ATM)
personal 뻬르쏘날	개인적인	**(la) tarjeta de crédito** (라) 따르헤따 데 끄레디또	신용 카드
(el) ahorro (엘) 아오로	저축, 저장	**(la) tarjeta de débito** (라) 따르헤따 데 데비또	직불 카드
(el) plazo (엘) 쁠라쏘	기한, 기간	**(el) efectivo** (엘) 에뻭띠보	현금
a plazos 아 쁠라쏘스	주기적으로	**(el) cheque** (엘) 체께	수표

✓ Check 1

다음 우리말에 맞는 스페인어를 쓰세요.

① 화폐 _____   ② 환율 _____
③ 은행 계좌 _____   ④ 저축 통장 _____
⑤ ATM _____   ⑥ 신용 카드 _____

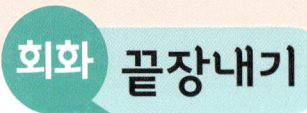

A 대화문을 읽고 말해 보세요.

1 진호 씨가 은행에서 환전을 한다.

Jinho: **¡Buenas tardes! ¿Aquí se puede cambiar moneda?**
부에나스 따르데스! 아끼 쎄 뿌에데 깜비아르 모네다?

Empleada: **Sí, adelante. ¿Qué moneda necesita?**
씨. 아델란떼. 께 모네다 네쎄씨따?

Jinho: **Necesito euros.**
네쎄씨또 에우로스.

Me gustaría cambiar de wones a euros.
메 구스따리아 깜비아르 데 워네스 아 에우로스.

Empleada: **El tipo de cambio es de 1.260 wones por un euro.**
엘 띠뽀 데 깜비오 에스 데 밀도스씨엔또스세쎈따 워네스 뽈 운 에우로.

Jinho: **De acuerdo. Aquí tiene mi pasaporte.**
데 아꾸에르도. 아끼 띠에네 미 빠싸뽀르떼.

Quiero cambiar 500.000 wones.
끼에로 깜비아르 끼니엔또스 밀 워네스.

¿Cuánto es en euros?
꾼또 에스 운 에우로스?

Empleada: **Son 396 euros. Aquí están.**
쏜 뜨레스씨엔또스 노벤따 이 세이스 에우로스. 아끼 에스딴.

Plus 학습

은행과 관련된 표현
- (La) libreta de ahorro   저축 통장
- (El) cajero automático   자동 현금 인출기(ATM)
- (La) tarjeta de crédito (débito)   신용(직불) 카드
- (El) efectivo   현금
- (El) cheque   수표

HiEnglish

2 민호 씨가 은행에서 정기 적금 계좌를 연다.

Minho: **¡Hola! Quisiera abrir una cuenta bancaria.**
올라! 끼씨에라 아브리르 우나 꾸엔따 방까리아.

Empleada: **¿Se refiere a la cuenta personal de ahorro a plazos?**
쎄 레삐에레 아 라 꾸엔따 뻬르쏘날 데 아오로 아 쁠라쏘스?

Minho: **Sí, me refiero a esa. ¿Cuál es el interés anual?**
씨, 메 레삐에로 아 에사. 꽐 에스 엘 인떼레스 아누알?

Empleada: **Si el depósito no llega a mil euros, es del 0,02%.**
씨 엘 데뽀씨또 노 예가 아 밀 에우로스, 에스 델 쎄로 꼬마 쎄로 도스 뽀르시엔또.

Minho: **¿Solo eso?**
쏠로 에쏘?

Empleada: **Sí. La verdad es que es un interés bastante alto. Normalmente, es del 0,01%.**
씨. 라 베르닷 에스 께 에스 운 인떼레스 바스딴떼 알또. 노르말멘떼, 에스 델 쎄로 꼬마 쎄로우노 뽀르시엔또.

Minho: **Es muy diferente que en Corea.**
에스 무이 디뻬렌떼 께 엔 꼬레아.

스페인어 현장 TIP

스페인의 주요 은행
스페인의 은행은 크게 BBVA(베베우베아) 은행, Santander(싼딴데르) 은행, Sabadell(싸바델) 은행, Caixa(까이샤) 은행이 주를 이루고, 이외 소규모 은행들도 있습니다.

✓ **Check 2**

본문 내용과 일치하면 ○표, 일치하지 않으면 ×표를 하세요.
① Jinho quiere cambiar de euros a wones para ir a Corea. (   )
② Minho piensa que el interés en España es menor que en Corea. (   )

어법 끝장내기

1 은행과 관련된 주요 표현

어떤 서류가 필요한가요?	¿Qué documentos necesito?
이 계좌에 돈을 입금해야 합니다.	Quiero ingresar dinero en efectivo en esta cuenta.
현금을 인출해야 합니다.	Necesito sacar dinero en efectivo.
세금을 내야 합니다.	Necesito realizar un pago.
	Necesito pagar impuestos.
신용(직불)카드를 사용해도 되나요?	¿Puedo utilizar mi tarjeta de crédito (débito)?
계좌 신설에 비용이 있나요?	¿Hay algún coste para abrir una cuenta?
계좌 이체가 인터넷으로 가능합니까?	¿Puedo realizar transferencias por Internet?
여기 근처에 ATM이 있나요?	¿Hay algún cajero automático por aquí?

✓ Check 3

다음의 우리말 문장을 스페인어로 바꿔 보세요.
① 현금을 인출해야 합니다. _____
② 계좌 이체가 인터넷으로 가능합니까? _____

2 Si 가정문

'Si'는 우리말의 '만약', 영어의 'if'에 해당하는 어휘입니다. 따라서 「Si (주어) 동사, (주어) 동사」 구조를 통해 '~이면, ~이다'를 표현할 수 있습니다.

Si	(주어)+동사,	(주어) +동사
	el depósito no llega a mil euros, 예금이 1000유로에 달하지 않는다면,	es del 0.02%. 0.02%입니다.
	tienes reunión, 회의가 있다면	puedes irte ya. 너는 이제 가도 돼.
	만일 ~이면	~이다

✓ Check 4

다음의 내용으로 Si 가정문을 만들어 보세요.
① 네가 지금 도착하지 않으면, 우리는 떠날 거야. _____
② 이자가 0.02%라면, 계좌를 열지 않을 거야. _____

HiEnglish

3 '사실은 ~입니다' 표현하기

스페인어에는 '사실은 ~이다'를 표현하는 구어체 표현들이 있습니다. 이들은 앞 문장과 뒷문장을 자연스럽게 연결해주면서, 새롭고 놀라운 정보를 더해주는 데 사용하면 적절합니다. 가령, '저는 오늘 면접이 있습니다. 실은 당신 회사에 가는 것입니다.'라는 문맥에서, 혹은 '오늘은 사장님이 편찮으십니다. 실은 어제 무리하셨거든요.'와 같은 문맥에서 사용됩니다.

(의역) 사실은 ~입니다.	
La verdad es que 진실 은 (직역: 진실은)	(주어) + 동사
Lo que pasa es que ~한 것 일어난 은 (직역: 실제로 일어난 것은)	(주어) + 동사

▶▶ 본문의 대화문을 통해 연습해 봅시다.

Jinho:	¿Solo eso?		겨우 그 정도입니까?
Empleada:	**La verdad es que** **Lo que pasa es que**	es un interés bastante alto.	사실은 상당히 높은 이자율입니다.

✓ Check 5

'사실은 ~이다' 구문을 사용하여 다음 내용에 알맞은 문장을 만들어 보세요.
① 사실은 상당히 높은 이자율입니다. _____
② 실은 상당히 좋은 조건입니다. _____

New Words

(el) documento 서류
realizar 실현하다
(la) transferencia 계좌 이체
(la) condición 조건

ingresar 넣다
(el) pago 지불
correr 뛰다

en efectivo 현금으로
(el) impuesto 세금
perder 놓치다

sacar 꺼내다
(el) coste 비용
(el) tren 기차

끝장 마무리

A 다음 질문에 자유롭게 대답해 보세요.

1. ¿Aquí se puede cambiar moneda?

2. ¿Qué moneda necesita?

3. ¿Se refiere a la cuenta personal de ahorro a plazos?

B 다음 스페인어 문장을 우리말로 바꿔 보세요.

4. El tipo de cambio es de 1.260 wones por un euro.

5. ¿Cuánto es en euros?

6. ¿Se refiere a la cuenta personal de ahorro a plazos?

C 다음은 본문의 일부입니다. 우리말을 스페인어로 바꿔 보세요.

7. 여기에서 환전을 할 수 있나요?

8. 원을 유로로 바꾸고 싶어요.

9. 예금이 1000유로에 달하지 않는다면, 이자는 0.02%입니다.

10. 겨우 그것뿐 인가요?

HiEnglish

Role-Play

D 짝과 함께 [보기]와 같이 유로를 원으로 환전하는 대화를 해 보세요.

• 보기 •

Cliente: ¡Buenas tardes! Quisiera cambiar moneda.
고객: 좋은 오후입니다! 환전을 하고 싶습니다.
Empleada: ¿Qué moneda necesita?
직원: 어떤 화폐가 필요하신가요?
Cliente: Me gustaría cambiar de euros a wones.
고객: 유로를 원으로 바꾸고 싶어요.
Empleada: ¿Me das su pasaporte?
직원: 여권을 주시겠어요?
Cliente: Sí, sí. Aquí tiene.
고객: 네,네. 여기 있습니다.

시험 대비

E 다음 문장의 빈칸에 들어갈 가장 적당한 것을 하나 고르세요.

1. El tipo de cambio es de 1.260 wones _____ un euro.

   ① de   ② a   ③ que   ④ por

2. ¿Se refiere _____ la cuenta personal de ahorro a plazos?

   ① a   ② de   ③ por   ④ para

 **Culture Tip**

스페인의 은행이 우리나라에 있었다?!
스페인 최대 은행인 BBVA 은행은 그 이름 Banco Bilbao Vizcaya Argentaria에 알맞게 본사를 스페인 북부 빌바오 지역에 두고 있습니다. 현재는 스페인 전국에서 자산 규모 2위의 은행으로 꼽히며, 13만명의 직원을 두고 있습니다. 이러한 대형 스페인 은행이 우리나라에 2007년 지점을 열고 은행 영업을 해왔습니다. 그러나 2016년 BBVA그룹 경영 전략에 의해 서울 지점 및 아시아 전 지점을 철수하게 되었습니다.

UNIT 19 축하 ¡Felicidades! ¡Tenemos que celebrarlo!

>> 이번 과에서 배울 주요 표현을 살펴보세요.

1 승진 축하하기

La verdad es que acaban de promocionarme.
라 베르닷 에스 께 아까반 데 쁘로모씨오나르메.
실은 방금 막 저를 승진해 주었습니다.

¿De verdad? ¡Felicidades! ¡Tenemos que celebrarlo!
데 베르닷? 뻴리씨다데스! 떼네모스 께 쎌레브라를로!
정말요? 축하드립니다! 그것을 기념해야겠네요!

2 결혼 축하하기

Minho, te doy una invitación a mi boda.
민호, 떼 도이 우나 인비따씨온 아 미 보다.
민호 씨, 제 결혼식 청첩장을 드릴게요.

단어	뜻	단어	뜻
feliz 뻴리스	행복한	**(la) invitación** (라) 인비따씨온	초대
promocionar 쁘로모씨오나르	승진시키다 promociono, promocionas, promociona promocionamos, promocionáis, promocionan	**(la) boda** (라) 보다	결혼(식)
¡Felicidades! 뻴리씨다데스!	축하해요!	**casarse** 까싸르쎄	결혼하다 me caso, te casas, se casa nos casamos, os casáis, se casan
celebrar 쎌레브라르	축하하다, 기념하다 celebro, celebras, celebra celebramos, celebráis, celebran	**(la) noticia** (라) 노띠씨아	소식
(la) fiesta (라) 삐에스따	파티, 축제	**(el) acompañante** (엘) 아꼼빠냔떼	동행인
hacer una fiesta 아쎄르 우나 삐에스따	파티를 하다	**perderse** 뻬르데르쎄	놓치다 me pierdo, te pierdes, se pierde nos perdemos, os perdéis, se pierden

✓ Check 1

다음 우리말에 맞는 스페인어를 쓰세요.

① 행복한 _____ ② 축하해요. _____

③ 파티를 하다. _____ ④ 초대 _____

⑤ 결혼식 _____ ⑥ 소식 _____

회화 끝장내기

A 대화문을 읽고 말해 보세요.

1 민호 씨가 마리아 씨의 승진을 축하한다.

Minho: **María, hoy te veo muy feliz.**
마리아, 오이 떼 베오 무이 펠리스

María: **La verdad es que acaban de promocionarme.**
라 베르닷 에스 께 아까반 데 쁘로모씨오나르메

Minho: **¿De verdad? ¡Felicidades! ¡Tenemos que celebrarlo!**
데 베르닷? 펠리씨다데스! 떼네모스 께 쎌레브라를로!

María: **¡Muchas gracias, Minho!**
무차스 그라씨아쓰, 민호!

Hoy hago una fiesta con todos mis compañeros.
오이 아고 우나 삐에스따 꼰 또도스 미스 꼼빠녜로스

Minho: **Me parece muy buena idea. Les gustará mucho.**
메 빠레쎄 무이 부에나 이데아. 레스 구스따라 무초

María: **Si tienes tiempo, ¿por qué no vienes?**
씨 띠에네스 띠엠뽀, 뽀르 께 노 비에네스?

Minho: **Sí, claro. ¿A qué hora es la fiesta?**
씨, 끌라로. 아 께 오라 에스 라 삐에스따?

스페인어 현장 TIP

스페인의 회식 문화
흔히 유럽의 회사들은 회식이 없다고 생각합니다. 그러나 스페인의 모든 기업들이 회식을 하지 않는 것은 아닙니다. 식사 시간은 매우 길고, 아주 많은 대화를 나누며, 매 식사마다 다른 와인이 준비되기도 합니다. 우리나라처럼 2차, 3차로 회식이 오랜 시간 지속되기도 한답니다.

✣ Plus 학습

회사 내 지위에 관한 표현
- (El) presidente — 대표
- (El) director ejecutivo — CEO
- (El) director de departamento — 부장
- (El) gerente de sucursal — 지사장

HiEnglish

2 민호 씨가 까를라 씨의 결혼을 축하한다.

Carla: **Minho, te doy una invitación a mi boda.**
민호, 떼 도이 우나 인비따씨온 아 미 보다.

Minho: **¿A tu boda? ¿Te casas?**
아 뚜 보다? 떼 까싸스?

Carla: **Sí, lo que pasa es que me caso el próximo mes.**
씨, 로 께 빠싸 에스 께 메 까쏘 엘 쁘록씨모 메스.

Minho: **¡Muchas felicidades! ¡Es muy buena noticia!**
무차스 펠리씨다데스!! 에스 무이 부에나 노띠씨아!

Carla: **Si quieres, puedes venir también con un**
씨 끼에레스, 뿌에데스 베니르 땀비엔 꼰 운

acompañante.
아꼼빠냔떼.

Minho: **Sí. No me puedo perder tu boda. ¿Cuándo se**
씨. 노 메 뿌에도 뻬르데르 뚜 보다. 꾼도 쎄

celebra?
쎌레브라?

Carla: **El primer sábado a mediodía.**
엘 쁘리멜 싸바도 아 메디오디아.

✓ **Check 2**

본문 내용과 일치하면 ○표, 일치하지 않으면 ×표를 하세요.
① Minho va a participar en la fiesta de María. (   )
② María se casa con Minho el próximo mes. (   )

어법 끝장내기

1. '안색이 어떠해 보이다' 표현하기

'직접목적어'란, 해석 시 '~을/를'이 붙는 목적어입니다. 이를 대신하여 사용하는 것이 '직접목적격대명사'라는 문법 요소입니다. 앞에서 다루었던 간접목적격대명사와 3인칭을 제외하고 그 형태가 모두 동일하기 때문에, 문맥에 따라 해석해야 합니다.

「직접목적격대명사+ver 동사+bien/mal/형용사」 구조를 통해 '(직접목적격대명사)의 안색이 (bien/mal/형용사)해 보인다'를 표현할 수 있습니다. 이 때 '직접목적격대명사'와 '형용사'가 의미적으로 연결되기 때문에 반드시 성수를 일치시켜야 합니다. 또한 '보다'의 주어는 '직접목적격대명사'와 문법적으로 전혀 관련이 없음에 주의해야 합니다.

	직접목적격대명사	ver 동사	
1인칭 단수	Me 나를	veo (내가) 보다	
2인칭 단수	Te 너를	ves (네가) 보다	
3인칭 단수	Lo/La 그를/그녀를	ve (당신/그/그녀가) 보다	bien/mal/형용사
1인칭 복수	Nos 우리들을	vemos (우리들이) 보다	
2인칭 복수	Os 너희들을	veis (너희들이) 보다	
3인칭 복수	Los/Las 그들을/그녀들을	ven (당신들/그들/그녀들이) 보다	

성수일치

▶▶ 본문의 대화문을 통해 연습해 봅시다.

행복한 사람: Tú

Te	veo	feliz.
너를	보다 — 주어: Yo	행복한

네가 행복해 보인다.

Tú를 보는 주체: Yo

✓ **Check 3**

다음의 우리말 문장을 스페인어로 바꿔 보세요.
① 네가 행복해 보인다. _____
② 그녀는 만족해 보인다. _____

2 축하 및 기념의 표현

축하합니다!	¡(Muchas) felicidades!
	¡(Muchas) felicitaciones!
우리는 그걸 기념해야겠네요!	¡Tenemos que celebrarlo!
생일 축하합니다!	¡Feliz cumpleaños!
행복한 크리스마스되세요!	¡Feliz Navidad!
행복한 신년되세요!	¡Feliz Año Nuevo!

✓ Check 4

다음의 상황에 알맞은 축하 인사를 스페인어로 해 보세요.
① 신년　_____
② 크리스마스　_____

3 '~하지 않을래?' 표현하기

다른 사람을 초대하기 위해 자주 쓰이는 표현은 다음과 같습니다.

¿Quieres venir a la fiesta?	파티에 오시고 싶으세요?
¿Te vienes a la fiesta ?	파티에 오시나요?
Te invito a la fiesta.	파티에 오시도록 초대합니다.
¿Por qué no vienes a la fiesta?	파티에 오시지 않으실래요? (초대, 제안의 의미)

다음은 제안의 의미로 사용된 ¿Por qué no (주어) 동사? 구문입니다.

¿Por qué no	vamos al cine?	우리 영화관에 가지 않을래?
	comemos comida china?	우리 중국 음식 먹지 않을래?

✓ Check 5

'Por qué no' 구문을 사용하여 다음 내용을 스페인어로 제안해 보세요.
① 중국 음식을 먹지 않을래?　_____
② 영화관에 가지 않을래?　_____

New Words

contento(a) 만족한　(la) felicitación 축하　(el) cumpleaños 생일　chino(a) 중국의
(la) Navidad 크리스마스　(el) Año Nuevo 신년　(el) cine 영화관

끝장 마무리

A 다음 질문에 자유롭게 대답해 보세요.

1. María, hoy te veo muy feliz.

2. ¿Te casas?

3. ¿Cuándo se celebra?

B 다음 스페인어 문장을 우리말로 바꿔 보세요.

4. La verdad es que acaban de promocionarme.

5. Les gustará mucho.

6. Lo que pasa es que me caso el próximo mes.

C 다음은 본문의 일부입니다. 우리말을 스페인어로 바꿔 보세요.

7. 정말요? 축하드립니다!

8. 시간 있으시면, 오시지 않으실래요?

9. 아주 좋은 소식이네요!

10. 당신의 결혼식을 놓칠 수 없죠.

Role-Play

D 짝과 함께 [보기]와 같이 상대방을 축하하는 대화를 해 보세요.

• 보기 •

María: Alba, te doy una invitación a mi boda.
마리아: 알바 씨, 제 결혼식 청첩장을 드릴게요.
Alba: ¡María! ¿Te casas? ¡Muchas felicidades!
알바: 마리아 씨! 결혼하세요? 정말 축하 드려요!
María: ¡Gracias! Hoy hago una fiesta con todos mis amigos. ¿Por qué no vienes?
마리아: 고마워요! 오늘 모든 제 친구들과 파티를 해요. 오시지 않으실래요?

시험 대비

E 다음 문장의 빈칸에 들어갈 가장 적당한 것을 하나 고르세요.

1. ¿Si tienes tiempo, _____ vienes?

   ① para qué no   ② en qué no   ③ por qué no   ④ cuándo no

2. No _____ puedo perder tu boda.

   ① te   ② me   ③ os   ④ lo

Culture Tip

스페인의 결혼식 문화

스페인의 결혼은 두 가지로 나뉩니다. 시청에서 공증인 앞에 혼인선언문을 낭독하며 혼인 신고를 하는 방식이 있고, 성당이나 교회에서 예식을 올리는 종교적 방식이 있습니다.

1978년 이후로 성당에서 올리는 예식은 더 이상 필수 조건이 아니며 2009년에는 시청에서의 혼인 신고가 성당 예식을 넘어서게 되었습니다. 두 방식 모두 법적인 효력이 있으니, 어떤 방식으로 결혼할 것인지는 신랑과 신부의 선택에 달려 있습니다.

UNIT 20 명절 ¡Feliz Semana Santa, Minho!

>> 이번 과에서 배울 주요 표현을 살펴보세요.

1 명절 일정 물어보기

Ya viene Semana Santa.
야 비에네 쎄마나 싼따.
Este año hay un puente y tengo cinco días libres.
에스떼 아뇨 아이 운 뿌엔떼 이 뗑고 씬꼬 디아스 리브레스.
곧 부활절 성주간이 다가와요. 올해는 징검다리 휴가가 있어서 휴일이 5일이에요.

2 명절을 함께 축하하기

En España, comemos la mona de Pascua.
엔 에스빠냐, 꼬메모스 라 모나 데 빠스꾸아.
스페인에서는 '모나 데 빠스꾸아'를 먹습니다.

단어 끝장내기

단어	뜻	단어	뜻
(el) plan (엘) 쁠란	계획	**este año** 에스떼 아뇨	올해
hacer planes 아쎄르 쁠라네스	계획을 세우다	**(el) puente** (엘) 뿌엔떼	다리, 교량, 징검다리 휴가
santo(a) 싼또(따)	성인의, 신성한	**laborable** 라보라블레	일할 수 있는, 일하는
(la) Semana Santa (라) 쎄마나 싼따	부활절 성주간	**Igualmente.** 이구알멘떼.	마찬가지입니다.
(el) año (엘) 아뇨	연(年)	**(la) tarta** (라) 따르따	홀케이크

✓ **Check 1**

다음 우리말에 맞는 스페인어를 쓰세요.

① 계획 _____ ② 성인의, 신성한 _____
③ 부활절 성주간 _____ ④ 올해 _____
⑤ 징검다리 휴가 _____ ⑥ 홀케이크 _____

A 대화문을 읽고 말해 보세요.

1 마리아 씨가 휴가 계획을 짠다.

Minho: **¿Qué estás haciendo, María?**
께 에쓰따스 아씨엔도, 마리아?

María: **Estoy haciendo planes para las próximas vacaciones.**
에스또이 아씨엔도 쁠라네스 빠라 라스 쁘록씨마스 바까씨오네스.

Minho: **¿A qué vacaciones te refieres?**
아 께 바까씨오네스 떼 레삐에레스?

María: **Ya viene Semana Santa.**
야 비에네 쎄마나 싼따.

Este año hay un puente y tengo cinco días libres.
에스떼 아뇨 아이 운 뿌엔떼 이 뗑고 씬꼬 디아스 리브레스.

Minho: **Todos seguidos, ¿verdad?**
또도스 쎄기도스, 베르닷?

María: **Sí. Desde el jueves 9 hasta el domingo 13 de abril.**
씨. 데스데 엘 후에베스 누에베 아스따 엘 도밍고 뜨레쎄 데 아브릴.

> **스페인어 현장 TIP**
>
> **부활절 성주간(Semana Santa)**
> 부활절 성주간(Semana Santa)은 예수님이 십자가 처형을 받기 전까지의 일주일을 기리는 것입니다. 4월 셋째, 넷째 주에 진행되는데, 예수, 성모상 등의 모형을 들고 움직이는 퍼레이드와 가면 행렬을 볼 수 있습니다.

➕ **Plus 학습**

일정과 관련된 표현

- (El) día laborable   평일
- (El) día no laborable 휴일
- (El) (día) festivo   공휴일
- (El) fin de semana   주말

HiEnglish

2 민호 씨가 마리아 씨와 부활 주간을 함께 축하한다.

María: **¡Feliz Semana Santa, Minho!**
뻴리스 쎄마나 싼따. 민호!

Minho: **¡Igualmente, María! Gracias por tu invitación.**
이구알멘떼. 마리아! 그라씨아스 뽈 뚜 인비따씨온.

María: **Es un placer. En España, comemos la mona de Pascua.**
에스 운 쁠라쎄르. 엔 에스빠냐. 꼬메모스 라 모나 데 빠스꾸아.

Minho: **¿Qué es la mona de Pascua?**
께 에스 라 모나 데 빠스꾸아?

María: **Es un tipo de tarta que lleva huevos de chocolate.**
에스 운 띠뽀 데 따르따 께 예바 우에보스 데 초꼴라떼.

Minho: **¡Anda! ¡Es muy bonita! ¿La comparte toda la familia?**
안다! 에스 무이 보니따! 라 꼼빠르떼 또다 라 빠밀리아?

María: **¡Claro! Ven, vamos a comerla.**
끌라로! 벤. 바모스 아 꼬메르라.

✓ **Check 2**

본문 내용과 일치하면 ○표, 일치하지 않으면 ×표를 하세요.
① María no va a trabajar durante cinco días. (   )
② María y Minho van a compartir la mona de Pascua. (   )

어법 끝장내기

1 「Tener 동사+주어+형용사」

우리는 일반적으로 「주어+estar 동사+형용사」 구조를 사용하여 '주어'가 '형용사'한 상태임을 표현했습니다. 그러나 이것이 사람과 관련이 있을 때는, tener 동사를 활용한 특별한 구조를 사용하곤 합니다. 그 구조는 「주어+estar 동사+형용사」 구조입니다. 이 때, 주어와 형용사는 성수일치되어야 합니다. 예를 들어, '나의 손이 차갑다'를 표현하기 위해 'Mis manos están frías.'라고 할 수도 있지만, 'Tengo las manos frías'라는 구조를 사용하는 것이 더 자연스럽습니다.

Mis manos	están	frías.
나의 손은	(~한 상태)다	차가운
나의 손은 차가운 상태다.		

⇨

Tengo	las manos	frías.
Tener 동사(가지다) —주어: Yo	손을	차가운
	차가운 손을	
내 손은 차갑다.		

▶▶ 본문의 대화문을 통해 연습해 봅시다. 동일하게, 우측의 표가 더 자연스러운 문장입니다.

Mis cinco días	están	libres.
나의 5일은	(~한 상태)다	자유로운
나의 5일은 자유롭다.		

⇨

Tengo	cinco días	libres.
Tener 동사(가지다) —주어: Yo	5일은	자유로운
	자유로운 5일을	
나는 5일이 자유롭다.		

✓ **Check 3**

다음 우리말 문장을 스페인어로 바꿔 보세요.
① 내 손은 차갑다. _____
② 내 손은 따뜻하다. _____

2 관계대명사 que

15과에서 「주어+estar 동사+형용사」 구조를 통해 '~라고 생각하다(믿다)'를 표현하는 것을 익혔습니다. 이 때 que는 접속사로서, '~라고'라는 뜻으로 사용되어 앞의 Creer 동사와 뒷문장을 연결해 주는 역할을 했습니다. 이번 단원에서의 que는 관계대명사로서, 앞의 명사를 수식해 주는 형용사와 같은 역할을 해주기 때문에, '~는'으로 해석됩니다.

La vitamina	que tomo cada día
비타민	내가 매일 먹는

La ropa	que me gusta
그 옷	내가 좋아하는

▶▶ 본문의 대화문을 통해 연습해 봅시다.

Un tipo de tarta	que lleva huevos de chocolate
홀케이크의 한 종류	달걀 모양 초콜릿이 들어 있는

✓ **Check 4**

관계대명사 que 이하의 절을 자유롭게 작성해 보세요.
① Tengo un amigo que _____
② Tengo una amiga que _____

3 직접목적격대명사의 위치

19과에서 익혔던 '~를'에 해당하는 직접목적어를 대신하여 사용되는 직접목적격대명사는 두 가지 위치에 올 수 있습니다. 본문의 대화문을 통해 연습해 봅시다.
첫째, 주어의 인칭과 수에 맞게 변형된 동사의 앞에 놓일 수 있습니다.

¿La	comparte	toda la familia?
직접목적격대명사: Mona de Pascua	v. compartir –주어: toda la familia	주어
Mona de Pascua를	나눠 먹나요?	온 가족이

둘째, 동사원형 뒤에 바로 붙어 올 수 있습니다.

'Ir a 동사원형' 구문		
Vamos a	comer	la.
–주어: Nosotros	동사원형: 먹다	직접목적격대명사: Mona de Pascua

✓ **Check 5**

다음의 어휘를 알맞은 순서대로 배열해 보세요. 정답은 각 문제 당 2개씩 입니다.
① comparte / toda la familia / la   _____
② a / comer / vamos / la   _____

New Words

calentito(a) 따뜻한   caliente 뜨거운   (el) corazón 심장
amable 상냥한   todos juntos 모두 다 함께

끝장 마무리

A 다음 질문에 자유롭게 대답해 보세요.

1. ¿Qué estás haciendo, María?

2. ¿A qué vacaciones te refieres?

3. ¡Feliz Semana Santa, Minho!

B 다음 스페인어 문장을 우리말로 바꿔 보세요.

4. Este año hay un puente.

5. Todos seguidos, ¿verdad?

6. ¡Anda!

C 다음은 본문의 일부입니다. 우리말을 스페인어로 바꿔 보세요.

7. 저는 휴일이 5일이에요.

8. 오히려 기쁜 걸요.

9. 이것을 온 가족이 나누어 먹는 건가요?

10. 달걀 모양의 초콜릿이 들어있는 파이의 한 종류입니다.

HiEnglish

Role-Play

D 짝과 함께 [보기]와 같이 'Mona de Pascua'를 보고 놀란 상황을 연습해 보세요.

• 보기 •

A: ¡Muchas gracias por tu invitación!
초대해 주셔서 정말 감사드려요!
¿Esta es la mona de Pascua?
이것이 'Mona de Pascua'인가요?
¡Es muy bonita! Dicen que la comparte toda la familia.
정말 예쁘네요! 사람들은 이것을 온 가족이 나눈다고 하던데요.
B: Sí, vamos a comerla todos juntos.
네, 우리 모두 이것을 함께 먹읍시다.

시험 대비

E 다음 문장의 빈칸에 들어갈 가장 적당한 것을 하나 고르세요.

1. Este año hay un puente y tengo cinco días _____.

   ① libre   ② libra   ③ libres   ④ libras

2. Es un tipo de tarta _____ lleva huevos de chocolate.

   ① quien   ② que   ③ cuando   ④ el que

 **Culture Tip**

Mona de Pascua
모나 데 빠스꾸아

'모나 데 빠스꾸아'는 부활절 성주간에 먹는 스페인만의 음식입니다. 큰 달걀 모양의 초콜릿을 넣는 것도 있고, 도넛 같이 생긴 케이크 모양도 있습니다. 이 모나 데 빠스꾸아를 먹는다는 것은, 사순절의 금식의 고통이 끝났음을 상징한다고 합니다. 이 파이가 가장 많이 생산되고 소비되는 지역은 발렌시아 지역인데요, 친척들이나 대부들이 아이들에게 선물하곤 하며, 온 가족이 나누어 먹는다고 합니다.

해석 및 참고 답안

UNIT 02 인사 ¡Buenos días! ¿Cómo estás?

단어 끝장내기 p. 19

✓ Check 1
① Buenos días.　　② ¿Cómo estás?
③ Me llamo María.　④ No hay problema.
⑤ Encantado(a). / Mucho gusto.
⑥ Hasta mañana.

회화 끝장내기 p. 20

1. 제이: 좋은 아침입니다. 당신이 마리아 씨인가요?
   마리아: 좋은 아침입니다. 네, 제가 마리아입니다.
   제이: 만나서 반갑습니다, 마리아 씨. 제 이름은 제이입니다.
   마리아: 만나서 반갑습니다, 제이 씨. 스페인에 오신 것을 환영합니다!
   제이: 감사합니다. 당신이 ABC의 사장인가요?
   마리아: 아니요, 저는 사장은 아닙니다. 저는 직원입니다.

2. 아나: 좋은 오후입니다, 민호 씨.
   민호: 좋은 오후입니다, 아나 씨. 어떻게 지내세요?
   아나: 아주 잘 지냅니다. 고마워요. 민호 씨는요?
   민호: 오늘 저는 조금 피곤하고 아픈 상태입니다.
   아나: 이런! 유감입니다!
   민호: 문제 없어요. 내일 만나요!
   아나: 내일 만나요, 민호 씨.

✓ Check 2
① 마리아 씨는 ABC 사의 사장이 아닙니다. (○)
② 아나 씨는 오늘 조금 피곤합니다. (×)

어법 끝장내기 p. 22

✓ Check 3
① 나　　　　　　　② 우리들

✓ Check 4
① Yo soy alta.　　② Tú eres amable.

✓ Check 5
① Yo estoy feliz.　② Tú estás sano(a).

끝장 마무리 p. 24

A 1. Buenos días. Sí, yo soy María. /
     Buenos días. No, yo no soy María.
   2. ¡Hola! Estoy muy bien. Gracias.
   3. Sí, nosotros estamos cansados. /
     No, nosotros no estamos cansados.

B 4. 저는 마리아입니다.
   5. 저는 사장이 아닙니다.
   6. 저는 조금 피곤합니다.

C 7. Encantado(a). / Mucho gusto.
   8. ¡Bienvenido(a) a España!
   9. No hay problema.
   10. ¡Hasta mañana!

E 1. ②　　　　　　2. ①

UNIT 03 가족 Te presento a mi familia.

단어 끝장내기 p. 27

✓ Check 1
① Mi familia　　　② La casa
③ La hermana menor　④ ¡Qué bien!
⑤ Una empresa italiana　⑥ ¡Claro!

회화 끝장내기 p. 28

1. 마리아: 민호 씨, 당신에게 제 가족을 소개합니다.

민호: 고마워요, 마리아 씨. 당신의 집은 정말 예쁘네요.
마리아: 이쪽은 제 자녀들, 뻬드로와 루씨아이에요.
민호: 안녕, 뻬드로! 안녕, 루씨아! 너희들 정말 예쁘구나.
뻬드로와 루씨아: 안녕하세요, 민호 아저씨! 어디서 오셨어요?
민호: 나는 대한민국에서 왔어.

2. 민호: 마리아 씨, 사진의 이 사람은 누군가요?
마리아: 아! 제 여동생 이사벨이에요.
민호: 그녀도 당신 회사의 직원인가요?
마리아: 아니요, 이사벨은 한 이탈리아 회사의 사장이에요.
민호: 대단하네요! 그러면 이탈리아어도 말하나요?
마리아: 네, 당연하죠.

✓ **Check 2**
① 민호 씨의 자녀들은 정말 귀엽습니다. (×)
② 이사벨은 이탈리아어를 말합니다. (○)

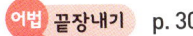 p. 30

✓ **Check 3**
① ¿Quién es esta persona?
② ¿Es (usted) jefe de esta empresa?

✓ **Check 4**
① (Yo) Soy de Corea del Sur.
② ¿Eres (tú) de México?

✓ **Check 5**
① presento
② hablas

끝장 마무리 p. 32

A 1. (Yo) Soy de Corea del Sur.
2. (Ella) Es mi hermana menor, Isabel.
3. Sí, (ella) habla italiano. / No, (ella) no habla italiano.
B 4. 당신의 집은 정말 예쁘네요.
5. 이 쪽은 제 자녀들이에요.
6. 네, 당연하죠.

C 7. Te presento a mi familia.
8. (Vosotros) Sois muy guapos.
9. (Ella) Es mi hermana menor.
10. Isabel es jefe de una empresa italiana.

E 1. ④   2. ②

 직장 ¿Dónde trabajas hoy en día?

단어 끝장내기 p. 35

✓ **Check 1**
① Hoy en día   ② Cuatro horas
③ El informe de ventas   ④ La página web
⑤ Aprender   ⑥ ¡De nada!

회화 끝장내기 p. 36

1. 민호: 까를라 씨, 요즘에는 어디서 일하세요?
까를라: 지금은 패션 회사에서 일해요.
민호: 하루에 몇 시간 일하세요?
까를라: 네 시간이요. 오전에만 일해요.
민호: 훌륭하네요! 그러면 오후에는 뭘 하나요?
까를라: 어학당에서 한국어를 배워요.

2. 민호: 마리아 씨, 저를 조금 도와줄 수 있나요?
마리아: 당연하죠. 어떻게 도와드릴까요?
민호: 판매 보고서를 어떻게 쓰나요?
마리아: 회사 홈페이지에 양식이 있어요.
민호: 아! 이제 알겠네요... 정말 고마워요!
마리아: 천만에요!

✓ **Check 2**
① 민호 씨는 요즘 패션 회사에서 일합니다. (×)
② 민호 씨는 이제 판매 보고서를 쓸 수 있습니다. (○)

어법 끝장내기 p. 38

✓ **Check 3**
① aprendo   ② aprendemos

해석 및 참고 답안

✓ Check 4
① podemos ② tienes

✓ Check 5
① Puedo escribir un informe.
② ¿Me puedes ayudar?

끝장 마무리 p. 40

A
1. Ahora trabajo en una empresa de moda.
2. Aprendo español en una escuela de idiomas.
3. Claro que sí.

B
4. 저는 오전에만 일해요.
5. 어떻게 도와드릴까요?
6. 이제 알겠네요.

C
7. ¿Cuántas horas trabajas al día?
8. Aprendo coreano en una escuela de idiomas.
9. ¿Me puedes ayudar un poco?
10. ¿Cómo escribo un informe de ventas?

E 1. ③   2. ④

UNIT 05 성격 ¿Cómo es él?

단어 끝장내기 p. 43

✓ Check 1
① Nuevo(a)   ② Diligente
③ Callado(a)   ④ Amable
⑤ La media naranja ⑥ Imposible

회화 끝장내기 p. 44

1. 마리아: 루이스 씨, 민호 씨 아세요?
   루이스: 네, 새로 온 한국인 직원이죠. 제 팀에 있어요.
   마리아: 정말요? 그는 어떤가요?
   루이스: 음, 부지런하고 책임감 있어 보여요.
   마리아: 사람들은 그가 상당히 조용하다고 말하던데요.
   루이스: 설마요! 그는 아주 수다쟁이에요.

2. 민호: 아나 씨, 이상형이 어떻게 되나요?
   아나: 잘생기고 착하고 상냥한 남성이요.
   민호: 글쎄요, 사람들은 우리 모두 사랑의 반쪽이 있다고 하기는 하죠.
   아나: 당신의 이상적인 여성상은 어떤가요?
   민호: 똑똑하고, 부지런하고, 착하고, 예쁜 여성이요.
   아나: 네?? 불가능해 보이네요.

✓ Check 2
① 민호 씨는 상당히 조용하다. (×)
② 민호 씨와 아나 씨는 착한 연인을 가지고 싶어 한다. (○)

어법 끝장내기 p. 46

✓ Check 3
① (Tú) Eres inteligente.   ② (Ella) Es habladora.

✓ Check 4
① (Él) Parece responsable.   ② (Él) Parece callado.

✓ Check 5
① Dicen que Juan es hablador.
② Dicen que María es diligente.

끝장 마무리 p. 48

A
1. Sí, conozco a Minho. / No, no conozco a Minho.
2. Soy diligente y responsable.
3. Mi pareja ideal es un hombre guapo, simpático y amable.

B
4. 그는 부지런하고 책임감 있어 보여요.
5. 잘생기고, 착하고 상냥한 남성이요.
6. 사람들은 우리 모두 사랑의 반쪽이 있다고 하기는 하죠.

C
7. Dicen que es bastante callado.
8. ¡Qué va! Es muy hablador.

9. ¿Cómo es tu pareja ideal?
10. Parece imposible.

E 1. ④   2. ③

 날씨 ¿Qué tiempo hace hoy en España?

단어 끝장내기 p. 51

✓ Check 1
① Ir   ② Llevar   ③ Traer
④ A veces   ⑤ Abrir   ⑥ (La) playa

회화 끝장내기 p. 52

1. 진호: 마리아 씨, 저 내일 스페인에 가요. 오늘 스페인 날씨는 어떤가요?
   마리아: 여름이기 때문에 아주 더워요.
   진호: 그러면 여름 옷만 가져가면 되나요?
   마리아: 네, 하지만 가벼운 외투도 가져와야 해요.
   진호: 정보 정말 고마워요!
   마리아: 아! 가끔 비가 오기 때문에 우산도요.

2. 민호: 마리아 씨, 그 창문 좀 열어줄 수 있나요?
   마리아: 네, 네. 지금 열게요.
   민호: 아이고! 오늘은 기온이 30도예요. 너무 더워요!
   마리아: 하지만 저는 여름이 좋아요. 해변에 갈 수 있잖아요.
   민호: 제 경우에는, 가을이 시원하기 때문에 좋아요.
   마리아: 그것도 맞네요.

✓ Check 2
① 오늘 스페인은 아주 덥다. (○)
② 민호는 가을을 좋아하지 않는다. (×)

어법 끝장내기 p. 54

✓ Check 3
① ¿Qué tiempo hace hoy?   ② Llueve.

✓ Check 4
① Tengo que   ② Tienes que

✓ Check 5
① 저는 가을이 좋아요.   ② 너는 봄이 좋니?

끝장 마무리 p. 56

A 1. Hace mucho calor porque es verano.
   2. Sí, sí. Ahora la abro.
   3. Puedo ir a la playa.

B 4. 여름이기 때문에 아주 더워요.
   5. 가벼운 외투도 가져와야 해요.
   6. 저는 해변에 갈 수 있기 때문에 여름이 좋아요.

C 7. Entonces, ¿solo tengo que llevar ropa de verano?
   8. A veces llueve.
   9. Hoy estamos a 30 grados.
   10. Me gusta el otoño.

E 1. ②   2. ④

  Me gustaría hablar con la Sra. María.

단어 끝장내기 p. 59

✓ Check 1
① ¿Dígame?   ② La parte
③ Pasar   ④ El momento
⑤ El número   ⑥ El número de teléfono

회화 끝장내기 p. 60

1. 루이스: ABC 회사입니다. 말씀하세요.
   진호: 좋은 아침입니다! 마리아 씨와 통화를 하고 싶습니다.
   루이스: 누구시죠?

진호: 저는 대한민국의 BBC 사의 진호라고 합니다.
루이스: 잠시만요. 전화 바꿔드리겠습니다.
마리아: 좋은 아침이에요, 진호 씨! 이번 주에 스페인에 오시나요?
진호: 안녕하세요, 마리아 씨! 아니요, 다음 주에 갑니다.

2. 진호: 좋은 아침입니다! 곤쌀로 씨와 통화하고 싶습니다.
실비아: 전화 잘못 거셨습니다.
진호: 재무 팀과 통화하고 있는 거 아닌가요?
실비아: 아닙니다. 여기는 영업 팀입니다.
진호: 죄송합니다. 재무 팀 전화번호가 무엇이죠?
실비아: 91 436 32 59입니다.

✓ **Check 2**
① 진호는 다음 주에 스페인에 간다. (○)
② 실비아는 재무 부서에 있다. (×)

어법 끝장내기 p. 62

✓ **Check 3**
① 저는 마리아 씨와 통화하고 싶습니다.
② 너는 집에 돌아가고 싶니?

✓ **Check 4**
① ¿Dígame?   ② Un momento, por favor.

✓ **Check 5**
① Catorce   ② Veintidós

끝장 마무리 p. 64

A 1. ¡Buenos días! Me gustaría hablar con la Sra. María Martínez.
2. No, voy la próxima semana.
3. No, es el Departamento de Ventas.

B 4. 마리아 마르띠네스 씨와 통화하고 싶습니다.
5. 전화 잘못 거셨습니다.
6. 재무 팀과 통화하고 있는 거 아닌가요?

C 7. ¿De parte de quién?
8. Un momento, por favor.

9. Le paso la llamada.
10. ¿Cuál es el número de teléfono de Finanzas?

E 1. ①   2. ③

UNIT 08 출장 ¿Cuándo va a viajar?

단어 끝장내기 p. 67

✓ **Check 1**
① Comprar   ② El billete
③ Viajar   ④ La ida y vuelta
⑤ El euro   ⑥ El aeropuerto

회화 끝장내기 p. 68

1. 진호: 안녕하세요! 마드리드행 티켓을 한 장 사고 싶어요.
승무원: 언제 여행하실 거세요?
진호: 5일에 가서 13일에 돌아오고 싶어요.
승무원: 어떤 종류의 좌석을 원하세요? 비즈니스 클래스 혹은 이코노미 클래스가 있어요.
진호: 비즈니스 클래스로 주세요. 왕복 티켓은 얼마죠?
승무원: 1500 유로입니다.

2. 마리아: 진호 씨, 스페인에 언제 오세요?
진호: 마드리드 바라하스 공항에 6일에 도착합니다.
마리아: 알겠어요. 몇 시에 도착하시죠?
진호: 정오에 도착할 거예요.
마리아: 완벽해요. 저희 직원이 당신을 마중하러 갈 거예요.
진호: 정말 감사합니다! 마드리드에서 곧 뵈어요!

✓ **Check 2**
① 진호 씨는 비행기로 여행할 것이다. (○)
② 진호 씨는 마드리드에 밤에 도착한다. (×)

어법 끝장내기 p. 70

✓ **Check 3**
① Voy a   ② Vas a

✓ Check 4
① ¿Cuándo va a viajar?
② ¿Cuándo viene a España?

✓ Check 5
① ¿Cuánto vale(cuesta) un billete de ida y vuelta?
② ¿Cuánto vale(cuesta) un paraguas?

끝장 마무리 p. 72

A 1. Me gustaría ir el día 5 y volver el 13.
   2. Clase ejecutiva, por favor.
   3. Llego al aeropuerto de Madrid-Barajas el día 6.

B 4. 마드리드행 티켓을 한 장 사고 싶어요.
   5. 왕복 티켓은 얼마죠?
   6. 저희 직원이 당신을 마중하러 갈 거예요.

C 7. ¡Perfecto!
   8. ¿A qué hora llegas?
   9. Voy a llegar al mediodía.
   10. Nos vemos pronto en Madrid!

E 1. ②   2. ①

UNIT 09 공항 ¿Todavía puedo facturar mi equipaje?

단어 끝장내기 p. 75

✓ Check 1
① El equipaje   ② La mochila
③ La primera vez   ④ Aquí
⑤ El contrato   ⑥ La colaboración

회화 끝장내기 p. 76

1. 진호: 안녕하세요! 아직 제 짐을 위탁할 수 있나요?
   승무원: 네, 오세요. 캐리어 몇 개를 위탁하고 싶으신가요?
   진호: 하나요. 이 배낭은 제가 직접 소지하는 걸 선호해서요.
   승무원: 알겠습니다. 어느 좌석을 선호하시나요?
   진호: 복도 쪽 좌석으로 하나 주시겠어요?
   승무원: 좌석 번호는 12입니다. 좋은 여행되세요!

2. 루이스: 스페인에 오신 것을 환영합니다, 진호 씨!
   진호: 저를 마중하러 와 주셔서 정말 감사해요, 루이스 씨!
   루이스: 천만에요! 스페인에 오시는 게 처음인가요?
   진호: 아니요, 하지만 일 때문에 여기에 온 것은 처음이에요.
   루이스: 그러면 일에 대해 얘기하자면, 저희는 당신들과 계약을 체결하고 싶습니다.
   진호: 저희도 마찬가지 입니다. 협력에 정말 감사드려요.
   루이스: 천만에요. 오히려 기쁜걸요.

✓ Check 2
① 진호 씨는 창가 쪽 좌석을 선호한다. (×)
② 진호 씨는 스페인에 오는 것이 처음이다. (×)

어법 끝장내기 p. 78

✓ Check 3
① Cuánto   ② Cuánta

✓ Check 4
① Prefiero   ② Preferimos

✓ Check 5
① La segunda vez ② La quinta vez

끝장 마무리 p. 80

A 1. Sí, adelante.
   2. Solo una. Prefiero llevar esta mochila conmigo.
   3. No, pero es la primera vez que vengo aquí por trabajo.

E 4. 복도 쪽 좌석으로 하나 주시겠어요?
   5. 저희는 당신들과 계약을 체결하고 싶습니다.
   6. 협력에 정말 감사드려요.

해석 및 참고 답안

C 7. Prefiero llevar esta mochila conmigo.
8. Muchas gracias por venir a recogerme.
9. Es la primera vez que vengo aquí por trabajo.
10. Es un placer.

E 1. ④   2. ①

UNIT 10 호텔 Quisiera reservar una habitación individual.

단어 끝장내기 p. 83

✓ **Check 1**
① Reservar   ② Libre
③ El precio   ④ El hotel
⑤ El servicio   ⑥ La lavandería

회화 끝장내기 p. 84

1. 진호: 안녕하세요! 싱글 룸 하나를 예약하고 싶습니다.
   직원: 언제로 예약하시나요?
   진호: 7월 6일부터 13일까지요.
   직원: 알겠습니다. 빈 방이 하나 있네요.
   진호: 완벽해요! 그걸로 예약할게요. 하룻밤에 가격이 얼마죠?
   직원: 하룻밤에 80유로입니다.

2. 직원: 에스뜨레야 호텔 프론트입니다. 말씀하세요.
   진호: 좋은 오후입니다! 옷을 세탁할 수 있는 방이 있나요?
   직원: 세탁실은 없습니다. 세탁 서비스를 이용하는 건 어떠세요?
   진호: 좋습니다. 지금 사용하고 싶어요.
   직원: 알겠습니다. 몇 번 방에 계신가요?
   진호: 306번 방에 있습니다.
   직원: 지금 옷을 가지러 올라가겠습니다.

✓ **Check 2**
① 진호 씨는 싱글 룸을 예약한다. (○)
③ 진호 씨는 세탁 서비스를 이용할 수 없다. (×)

어법 끝장내기 p. 86

✓ **Check 3**
① Quisiera reservar una habitación individual.
② Quisiera comprar un billete a Madrid.

✓ **Check 4**
① ¿Qué tal si tomamos un café?
② ¿Qué tal si usa el servicio de lavandería?

✓ **Check 5**
① Me parece genial.
② ¿Te parece bien?

끝장 마무리 p. 88

A 1. Del día 6 al 13 de julio.
2. No tenemos cuarto de lavandería.
3. Estoy en la habitación 306.

B 4. 하룻밤에 가격이 얼마죠?
5. 지금 사용하고 싶어요.
6. 지금 옷을 가지러 올라가겠습니다.

C 7. Quisiera reservar una habitación individual.
8. Tenemos una habitación libre.
9. ¿Qué tal si usa el servicio de lavandería?
10. Me parece bien.

E 1. ③   2. ④

UNIT 11 약속 ¿Cuándo te va bien?

단어 끝장내기 p. 91

✓ **Check 1**
① La reunión   ② La sala
③ La cosa   ④ Opinar
⑤ El asunto   ⑥ Urgente

회화 끝장내기 p. 92

1. 진호:　마리아 씨, 당신 회사와 회의를 하고 싶습니다.
마리아: 좋은 생각인 것 같아요. 언제가 괜찮으세요?
진호:　다음 주 월요일 오전에 어떠세요?
마리아: 매주 월요일에는 업무 회의가 있어서요. 화요일 오전은요?
진호:　저는 화요일도 괜찮습니다.
마리아: 그럼 9시에 회의실에서 기다리겠습니다.

2. 마리아: 진호 씨, 화요일 회의 때문에 전화 드립니다.
진호:　안녕하세요, 마리아 씨! 무슨 문제라도 있나요?
마리아: 네, 사장님이 급한 일이 있으시네요. 약속 시간을 변경할 수 있을까요?
진호:　당연하죠. 몇 시가 괜찮으세요?
마리아: 오후 2시는 어떠세요?
진호:　저로서는 괜찮습니다. 화요일 오후에 뵈어요.
마리아: 감사합니다! 곧 만나요!

✓ **Check 2**
① 진호 씨는 매주 월요일에 업무 회의가 있다. (×)
③ 결국 마리아 씨와 진호 씨는 화요일 오후에 회의할 것이다. (○)

어법 끝장내기 p. 94

✓ **Check 3**
① Me va bien el lunes.
② ¿Te va bien el lunes?

✓ **Check 4**
① El lunes por la mañana
② El martes por la tarde

✓ **Check 5**
① A las ocho de la mañana
② A las cuatro de la tarde

끝장 마무리 p. 96

A 1. ¿Qué tal el próximo lunes por la mañana?
2. Sí, mi jefe tiene un asunto urgente.
3. ¿Qué tal a las dos de la tarde?

B 4. 좋은 생각인 것 같아요.
5. 화요일 회의 때문에 전화 드립니다.
6. 저로서는 괜찮습니다.

C 7. Me va bien el martes también.
8. ¿Podemos cambiar la hora de la cita?
9. Por mí está bien.
10. Nos vemos el martes por la tarde.

E 1. ②　　　　　2. ③

UNIT 12 길 찾기 ¿Cómo puedo ir al Museo del Prado?

단어 끝장내기 p. 99

✓ **Check 1**
① El museo　　② Seguir
③ Cruzar　　　④ El semáforo
⑤ La farmacia　⑥ Tardar

회화 끝장내기 p. 100

1. 진호:　까를라 씨, 질문 하나 해도 될까요?
까를라: 네, 당연하죠. 말씀하세요.
진호:　프라도 미술관에 어떻게 가나요?
까를라: 먼저, 쭉 직진하셔야 해요. 그리고 사거리에서 왼쪽으로 도셔야 해요.
진호:　정말 고맙습니다!
까를라: 천만에요. 좋은 시간 보내세요!

2. 진호:　까를라 씨, 여기 주변에 약국이 하나 있나요?
까를라: 네, 마드리드 자치 대학 근처에 하나 있어요.
진호:　거기까지 어떻게 가나요?
까를라: 첫 번째 사거리에서 오른쪽으로 도셔야 해요.
진호:　얼마나 걸리나요?
까를라: 당신은 10분밖에 안 걸릴 거예요.
진호:　정말 감사해요!

✓ **Check 2**
① 진호 씨는 이제 프라도 미술관에 어떻게 가는지 안다. (○)

해석 및 참고 답안

② 약국은 마드리드 자치 대학으로부터 멀리 있다. (×)

어법 끝장내기　p. 102

✓ **Check 3**
① Seguir todo recto.　② Girar a la izquierda.

✓ **Check 4**
① A está cerca de B.
② A está a la derecha de B.

✓ **Check 5**
① Tardo diez minutos.
② Tardas quince minutos a pie.

끝장 마무리　p. 104

A　1. Sí, claro. Dime.
　　2. Sí, hay una grande cerca de la Universidad Autónoma de Madrid.
　　3. Vas a tardar solo diez minutos.

B　4. 말씀하세요.
　　5. 좋은 시간 보내세요!
　　6. 마드리드 자치 대학 근처에 하나 있어요.

C　7. ¿Cómo puedo ir al Museo del Prado?
　　8. Primero, tienes que seguir todo recto.
　　9. Tienes que girar a la derecha en el primer cruce.
　　10. Vas a tardar solo diez minutos.

E　1. ①　　　　　2. ③

UNIT 13 회의 ¿Cuál es la cantidad mínima para un pedido?

단어 끝장내기　p. 107

✓ **Check 1**
① Empezar　　　② El producto
③ La presentación　④ La cantidad
⑤ Como mínimo　⑥ El pedido

회화 끝장내기　p. 108

1. 진호: 이제 회의를 시작해도 될까요?
   마리아: 네, 지금 시작합시다. 저희는 준비되었습니다.
   진호: 알겠습니다. 먼저, 만나서 반갑습니다. 여기에 저희 신제품 관련 카탈로그들이 있습니다.
   마리아: 제가 그것들을 나눠줄게요. 한 사람 당 하나씩인가요?
   진호: 네, 부탁해요. 제 발표는 약 10분 정도 걸릴 것입니다.
   마리아: 아주 좋습니다. 시작하세요, 진호 씨.

2. 마리아: 이 여름 신제품이 저희는 아주 마음에 드네요. 주문 최소 수량은 어느 정도인가요?
   진호: 저희는 최소 100개 이상의 주문을 받습니다.
   마리아: 그 경우에는, 가격이 조금 비싼 것처럼 보이네요.
   진호: 걱정하지 마세요. 당신들에게만큼은 5% 할인을 해드릴 수 있습니다.
   마리아: 훌륭해요! 그럼 계약서에 서명합시다.

✓ **Check 2**
① 마리아 씨가 신제품 관련 발표를 한다. (×)
② 진호 씨의 회사는 마리아 씨의 회사를 위해 할인을 해준다. (○)

어법 끝장내기　p. 110

✓ **Check 3**
① Me　　　　　② Te

✓ **Check 4**
① Uno para cada uno.
② Uno para cada uno.

✓ **Check 5**
① La cantidad mínima
② El nivel má×imo

끝장 마무리 p. 112

A 1. Sí, la empezamos ahora. Estamos preparados.
2. Aceptamos pedidos de cien unidades, como mínimo.
3. No te preocupes. Podemos hacer un descuento del 5% solo para vosotros.

B 4. 여기에 저희 신제품 관련 브로셔들이 있습니다.
5. 시작하세요, 진호 씨.
6. 저희는 최소 100개 이상의 주문을 받습니다.

C 7. Los reparto yo.
8. ¿Uno para cada uno?
9. No te preocupes.
10. Entonces vamos a firmar el contrato.

E 1. ③   2. ①

UNIT 14 여행 ¿Me recomiendas alguna ciudad para viajar?

단어 끝장내기 p. 115

✓ **Check 1**
① Recomendar   ② En especial
③ Famoso(a)   ④ La razón
⑤ Bien pensado.   ⑥ Gracias a ~

회화 끝장내기 p. 116

1. 진호: 마리아 씨, 저에게 여행할만한 도시를 추천해 주실래요?
   마리아: 특별히 무얼 하고 싶나요?
   진호: 저는 유명한 기념물을 볼 생각을 하고 있어요.
   마리아: 그 경우에는, 당신에게는 바르셀로나에 가는 것을 추천해요.
   진호: 거기는 가우디의 건물로 유명한 곳이죠, 맞죠?
   마리아: 정확해요. 마드리드에서부터는 기차나 비행기를 타고 갈 수 있어요.
   진호: 정말 고마워요, 마리아 씨!

2. 진호: 안녕하세요! 바르셀로나 가이드 투어를 예약하고 싶은데요.
   직원: 매일 하나씩 있습니다. 언제 방문하고 싶으세요?
   진호: 7월 9일과 10일에 가려고 생각하고 있습니다.
   직원: 잘 생각하셨어요. 그 날들에는 프로모션이 있습니다.
   진호: 정말요? 한 사람당 얼마인가요?
   직원: 할인하면, 하루에 100유로입니다.
   진호: 완벽해요! 지금 그걸 예약할게요.

✓ **Check 2**
① 마리아 씨는 진호 씨에게 바르셀로나에 가는 것을 추천한다. (○)
② 진호 씨는 프로모션 덕분에 돈을 덜 낸다. (○)

어법 끝장내기 p. 118

✓ **Check 3**
① Recomiendo   ② Recomiendas

✓ **Check 4**
① ¿Quieres comer algo en especial?
② ¿Quieres hacer algo en especial?

✓ **Check 5**
① Estoy trabajando.
② Estás aprendiendo.

끝장 마무리 p. 120

A 1. ¿Quieres hacer algo en especial? – Te recomiendo ir a Barcelona.
2. Estoy pensando en ir el día 9 y 10 de julio.
3. Con un descuento, cuesta cien euros por día.

B 4. 저는 유명한 기념물을 볼 생각을 하고 있어요.
5. 마드리드에서부터는 기차나 비행기를 타고 갈 수 있어요.
6. 잘 생각하셨어요.

해석 및 참고 답안

C 7. ¿Quieres hacer algo en especial?
8. En ese caso, te recomiendo ir a Barcelona.
9. Desde Madrid, puedes ir en tren o en avión.
10. La reservo ahora.

E 1. ②   2. ④

② 결국 진호 씨는 단단한 뚜론 10개를 가져간다. (×)

어법 끝장내기   p. 126

✓ **Check 3**
① La persona más hermosa   ② El libro más útil

✓ **Check 4**
① Creo que el turrón es popular en Corea.
② Creemos que ustedes quieren trabajar con nosotros.

✓ **Check 5**
① El más rico   ② La más vendida

끝장 마무리   p. 128

 쇼핑 **¿Cuál es el recuerdo más famoso en España?**

단어 끝장내기   p. 123

✓ **Check 1**
① El recuerdo   ② El dulce
③ Tradicional   ④ Familiar
⑤ Últimamente   ⑥ Como

회화 끝장내기   p. 124

1. 진호: 마리아 씨, 스페인에서 가장 유명한 기념품은 무엇입니까?
  마리아: 제 생각에는 뚜론인 것 같아요. 뚜론 들어보셨어요?
  진호: 네, 들어봤어요. 그런데 무엇인지 정확히는 몰라요.
  마리아: 스페인의 전통적인 단 음식의 한 종류예요.
  진호: 한국인들도 좋아할 것이라 생각하세요?
  마리아: 네, 보통 모든 사람들이 좋아해요.
  진호: 아주 좋네요. 지금 그걸 사러 가야겠어요.

2. 진호: 안녕하세요! 전통 뚜론을 사고 싶은데요.
  직원: 안녕하세요! 가장 유명한 뚜론은 알리깐떼 뚜론입니다.
  진호: 질감이 단단한가요 부드러운가요?
  직원: 알리깐떼 뚜론은 일반적으로 단단합니다.
  진호: 저는 더 부드러운 것을 선호한다고 생각해요.
  직원: 그럼 히호나 뚜론을 추천해요. 최근에 기념품으로 가장 많이 팔린 종류거든요.
  진호: 알겠어요! 히호나 것으로 10개 가져갈게요.

✓ **Check 2**
① 한국인들도 뚜론을 좋아할 것이다. (○)

A 1. Creo que es el turrón.
2. Sí, me suena. / No, no me suena.
3. El de Alicante, en general, es duro.

B 4. 제 생각에는 뚜론인 것 같아요.
5. 들어보셨어요?
6. 최근에 기념품으로 가장 많이 팔린 종류거든요.

C 7. ¿Crees que les gustará a los coreanos, también?
8. Sí, normalmente le gusta a todo el mundo.
9. El turrón más famoso es el de Alicante.
10. Creo que prefiero algo más blando.

E 1. ①   2. ②

 식당 **De primero, me apetece una ensalada de salmón.**

단어 끝장내기   p. 131

✓ **Check 1**
① El menú   ② El salmón   ③ Probar

④ El helado   ⑤ La vainilla   ⑥ Enseguida

회화 끝장내기 p. 132

1. 진호: 메뉴판을 가져다 주시겠어요?
   종업원: 여기 있습니다. 전채 요리로 무엇을 드시겠어요?
   진호: 전채 요리로는, 연어 샐러드가 당기네요.
   종업원: 메인요리는요?
   진호: 요리 하나 추천해 주시겠어요?
   종업원: 저희가 방금 막 하몬이 들어간 피자를 만들었는데 맛있어요.
   진호: 그럼 그 피자를 먹어볼게요.

2. 진호: 디저트로는 뭐가 있나요?
   종업원: 아이스크림, 푸딩 그리고 제철 과일이 있습니다.
   진호: 그럼 바닐라 푸딩으로 부탁드릴게요.
   종업원: 마실 것은요? 저희는 방금 막 리오하 와인을 한 병 열었습니다.
   진호: 그 경우에는, 리오하 한 잔 주세요.
   종업원: 아주 좋습니다. 모두 곧바로 가져다 드릴게요.
   진호: 정말 감사합니다!

✓ Check 2
① 진호는 전채요리로 연어 샐러드를 선택한다. (○)
② 진호 씨는 후식으로 딸기 푸딩을 시킨다. (✕)

어법 끝장내기 p. 134

✓ Check 3
① Me apetece una taza de café.
② Me apetece una copa de vino.

✓ Check 4
① Acabo de hablar con María.
② Acabas de preparar un postre.

✓ Check 5
① ¿Qué desea tomar?   ② Pagar con tarjeta.

끝장 마무리 p. 136

A 1. Aquí tiene.

2. Acabamos de hacer pizza de jamón y está buena.
3. Una copa de Rioja, por favor.

B 4. 요리 하나 추천해 주시겠어요?
5. 그럼 피자를 먹어 볼게요.
6. 모두 곧바로 가져다 드릴게요.

C 7. ¿Qué quiere de primer plato?
8. Acabamos de hacer pizza de jamón.
9. ¿Qué tienen de postre?
10. Acabamos de abrir una botella de vino de Rioja.

E 1. ③   2. ②

 병원 **Me duele la barriga.**

단어 끝장내기 p. 139

✓ Check 1
① Doler   ② Ayer   ③ El síntoma
④ Sentirse mal ⑤ La gripe   ⑥ Anteayer

회화 끝장내기 p. 140

1. 의사: 진호 씨, 좋은 아침입니다! 무슨 일이세요?
   진호: 좋은 아침입니다, 마르띠네스 선생님! 저 배가 아파요.
   의사: 언제부터 복통이 있으셨어요?
   진호: 어제부터요. 점심 식사의 해산물 때문이라 생각해요.
   의사: 식중독 시즌이기는 합니다. 여름에 흔해요. 다른 증상은요?
   진호: 어젯밤부터 화장실에 가는 것을 멈출 수 없어요.
   의사: 그건 심각하네요. 진찰을 해 볼게요.

2. 마리아: 곤쌀레스 선생님, 저 상태가 안 좋아요. 목이 아파요.

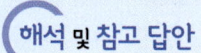

의사: 열도 있으신가요?
마리아: 네, 열이 있어요. 가끔은 기침도 해요.
의사: 독감이네요. 언제부터 이런 증상들이 있었나요?
마리아: 그저께부터요.
의사: 알겠습니다. 이 처방전을 가져가세요. 한 봉지를 하루에 세 번 드세요.
마리아: 알겠습니다. 정말 감사합니다, 선생님.

✓ **Check 2**
① 결국, 진호는 식중독으로 고통 받는 것이 아니다. (×)
② 마리아 씨는 그녀의 의사로부터 처방을 받는다. (○)

어법 끝장내기 p. 142

✓ **Check 3**
① Me duelen los dientes.
② Me duelen las piernas.

✓ **Check 4**
① ¿Desde cuándo estás aquí?
② ¿Desde cuándo fumas?

✓ **Check 5**
① No puedo dejar de fumar.
② Hoy dejo de beber alcoohol.

끝장 마무리 p. 144

A 1. Me duele la barriga.
   2. Entiendo. Muchas gracias, Doctor.
   3. Desde anteayer.

B 4. 점심식사의 해산물 때문이라 생각해요.
   5. 진찰을 해 볼게요.
   6. 한 봉지를 하루에 세 번 드셔야 해요.

C 7. No me siento bien.
   8. No puedo dejar de ir al baño desde anoche.
   9. Tengo fiebre. A veces, también tengo tos.
   10. Me duele la garganta.

E 1. ①   2. ③

 UNIT 18 은행 ¿Aquí se puede cambiar moneda?

단어 끝장내기 p. 147

✓ **Check 1**
① La moneda   ② El tipo de cambio
③ La cuenta bancaria ④ La libreta de ahorro
⑤ El cajero automático ⑥ La tarjeta de crédito

회화 끝장내기 p. 148

1. 진호: 좋은 오후입니다! 여기에서 환전을 할 수 있나요?
   직원: 네, 오세요. 어떤 화폐가 필요하신가요?
   진호: 유로가 필요합니다. 원을 유로로 바꾸고 싶어요.
   직원: 환율은 1유로에 1260원입니다.
   진호: 알겠습니다. 여기 제 여권 드릴게요. 저는 50만원을 바꾸고 싶습니다. 유로로 얼마죠?
   직원: 396유로입니다. 여기 있습니다.

2. 민호: 안녕하세요! 계좌를 하나 열고 싶습니다.
   직원: 개인 적금 통장 말씀하시는 거세요?
   민호: 네, 그 통장을 말씀드리는 겁니다. 연간 이자가 얼마인가요?
   직원: 예금이 1000유로에 달하지 않는다면, 이자는 0.02%입니다.
   민호: 겨우 그것뿐인가요?
   직원: 네, 사실은 상당히 좋은 조건입니다. 일반적으로는 0.01%예요.
   민호: 한국에서와는 많이 다르군요.

✓ **Check 2**
① 진호 씨는 한국에 가기 위해 유로를 원으로 바꾸고 싶어 한다. (×)
② 민호 씨는 스페인에서의 이자율은 한국에서보다 적다고 생각한다. (○)

어법 끝장내기 p. 150

✓ **Check 3**
① Necesito sacar dinero en efectivo.
② ¿Puedo realizar transferencias por internet?

✓ **Check 4**
① Si no llegas ahora, vamos a irnos.
② Si no corres, vas a perder el tren.

✓ **Check 5**
① La verdad es que (Lo que pasa es que) es un interés bastante alto.
② La verdad es que (Lo que pasa es que) es bastante buena condición.

끝장 마무리 p. 152

A
1. Sí, adelante.
2. Necesito euros.
3. Sí, me refiero a esa.

B
4. 환율은 1유로에 1260원입니다.
5. 유로로 얼마죠?
6. 개인 적금 통장 말씀하시는 거세요?

C
7. ¿Aquí se puede cambiar moneda?
8. Me gustaría cambiar de wones a euros.
9. Si el depósito no llega a mil euros, es del 0,02%
10. ¿Solo eso?

E 1. ④   2. ①

UNIT 19 축하 ¡Felicidades! ¡Tenemos que celebrarlo!

단어 끝장내기 p. 155

✓ **Check 1**
① Feliz
② ¡Felicidades!
③ Hacer una fiesta
④ La invitación
⑤ La boda
⑥ La noticia

회화 끝장내기 p. 156

1. 민호: 마리아 씨, 오늘 아주 행복해 보이세요.
마리아: 사실은 방금 막 저를 승진해 주었습니다.
민호: 정말요? 축하드립니다! 그것을 기념해야겠네요!
마리아: 정말 고마워요, 민호 씨! 오늘 제 모든 동료들과 함께 파티를 해요.
민호: 정말 좋은 생각이에요. 그들은 아주 좋아할 거예요.
마리아: 시간있으시면, 오시지 않으실래요?
민호: 당연하죠. 파티는 몇 시죠?

2. 까를라: 민호 씨, 제 결혼식 청첩장을 드릴게요.
민호: 까를라 씨의 결혼식이요? 결혼하시는 거세요?
까를라: 네, 사실은 다음 달에 결혼해요.
민호: 정말 축하해요! 아주 좋은 소식이네요!
까를라: 원하신다면, 동행자와 함께 와도 좋아요.
민호: 네. 당신의 결혼식을 놓칠 수 없죠. 언제 열리나요?
까를라: 첫 번째 토요일 정오예요.

✓ **Check 2**
① 민호 씨는 마리아 씨의 파티에 참석할 것이다. (○)
② 마리아 씨는 민호 씨와 다음 달에 결혼한다. (×)

어법 끝장내기 p. 158

✓ **Check 3**
① Te veo feliz.   ② La veo contenta.

✓ **Check 4**
① ¡Feliz Año Nuevo!   ② ¡Feliz Navidad!

✓ **Check 5**
① ¿Por qué no comemos comida china?
② ¿Por qué no vamos al cine?

끝장 마무리 p. 160

A
1. La verdad es que acaban de promocionarme.
2. Sí, lo que pasa es que me caso el próximo mes.
3. El primer sábado a mediodía.

B
4. 사실은 방금 막 저를 승진해 주었습니다.

해석 및 참고 답안

5. 그들은 아주 좋아할 거예요.
6. 사실은 다음 달에 결혼해요.

C 7. ¿De verdad? ¡Felicidades!
8. Si tienes tiempo, ¿por qué no vienes?
9. ¡Es muy buena noticia!
10. No me puedo perder tu boda.

E 1. ③   2. ②

UNIT 20 명절 ¡Feliz Semana Santa, Minho!

단어 끝장내기 p. 163

✓ Check 1
① El plan   ② Santo(a)
③ La Semana Santa   ④ Este año
⑤ El puente   ⑥ La tarta

회화 끝장내기 p. 164

1. 민호: 마리아 씨, 뭐 하세요?
   마리아: 다음 휴가를 위한 계획을 짜고 있어요.
   민호: 무슨 휴가를 말씀하시는 거세요?
   마리아: 곧 부활절 성주간이 다가와요. 올해는 징검다리 휴가가 있어서 전 휴일이 5일이에요.
   민호: 전부 이어서 맞죠?
   마리아: 네, 4월 9일 목요일부터 13일 일요일까지요.

2. 마리아: 행복한 부활절 성주간입니다. 민호 씨!
   민호: 마찬가지입니다. 마리아 씨! 초대해 주셔서 감사합니다.
   마리아: 오히려 기쁜걸요. 스페인에서는 '모나 데 빠스꾸아'를 먹습니다.
   민호: '모나 데 빠스꾸아'가 뭔가요?
   까를라: 계란 모양의 초콜릿이 들어있는 홀케이크의 한 종류입니다.
   민호: 이런! 정말 예뻐요! 이것을 온 가족이 나누어 먹는 건가요?
   까를라: 당연하죠! 오세요, 이걸 먹어봅시다.

✓ Check 2
① 마리아 씨는 5일 동안 일하지 않을 것이다.(○)
② 마리아 씨와 민호 씨는 '모나 데 빠스꾸아'를 나누어 먹을 것이다. (○)

어법 끝장내기 p. 166

✓ Check 3
① Tengo las manos frías.
② Tengo las manos calentitas.

✓ Check 4
① es muy hablador.   ② es simpática.

✓ Check 5
① La comparte toda la familia. / Toda la familia la comparte.
② Vamos a comerla. / La vamos a comer.

끝장 마무리 p. 168

A 1. Estoy haciendo planes para las próximas vacaciones.
2. Ya viene Semana Santa.
3. ¡Igualmente, María!

B 4. 올해는 징검다리 연휴가 있어요.
5. 전부 이어서 맞죠?
6. 이런!

C 7. Tengo cinco días libres.
8. Es un placer.
9. ¿La comparte toda la familia?
10. Es un tipo de tarta que lleva huevos de chocolate.

E 1. ③   2. ②